*Wenn unsere Kinder weinen,
weil die Ferien beginnen,*

dann sind wir auf dem richtigen Weg.

Widmung

Dieses Buch ist meiner Frau Sabine gewidmet,

die meine Verrücktheiten nun seit über 40 Jahren gelassen,

mit Nachsicht und viel Geduld erträgt

sowie meinem Hauptschullehrer Julius Linnenschmidt,

der meinen Eltern vergeblich beizubringen versuchte,

dass der Lehrberuf der richtige Beruf für mich sei.

Herstellung und Verlag:
BoD – Books on Demand, Norderstedt
ISBN: 978-3-7392-4109-8

Peter Dreier

Freude am Lernen   -   Freude am Unterrichten

So macht Schule Spaß.

*Erfahrungen und Erkenntnnisse zur Bewältigung des Schulalltages,
welche ich für mich entdeckt habe,
damit mir die Freude am Unterrichten nicht verlorengeht.*

Auszug aus einem E-Mail des Kultusministeriums
Im Rahmen der Weiterentwicklung der Lehrerausbildung gibt es eine neue Arbeitsgruppe. Ideen und Vorschläge aus Ihrem Buch werden nach Durchsicht durch das Fachreferat dort eingespeist, wenn und wo sie inhaltlich passend erscheinen....

Vorwort

Ein Kochbuch für Lehrer, Schüler und Eltern mit Rezepten für den Schulalltag.

Dieses Buch sollte wie ein Kochbuch mit altbewährten, aber auch unbekannten und neuen Rezepten gelesen werden.

Es besteht aus selbst erprobten Rezepten für den täglichen Unterricht.

Lesen Sie diese nicht alle auf einmal, sondern suchen Sie im Inhaltsverzeichnis das, was Sie im Moment am meisten interessiert und probieren Sie dann zuerst nur ein paar „Rezepte" aus.

Ich habe 40 Jahre gebraucht, um mir das alles zu erarbeiten, lassen Sie sich also auch Zeit dazu.

Viele Rezepte sind auch aus Großmutters Zeiten oder noch älter und die meisten schmecken so fantastisch, dass ich sie immer wieder verwende.
Deshalb hat mich der Einwand, die sind ja uralt, das ist Steinzeitpädagogik, auch nie gestört.

Wenn Sie nun immer noch wissen wollen, ob diese Mahlzeiten für Sie und ihre Schüler schmackhaft und verdaulich sind, hilft nur eins: **Ausprobieren**

Inhaltsverzeichnis

Wenn unsere Kinder weinen – Plakatives zum Nachdenken... 1 ,
Widmung... 2,   So macht Schule Spaß... 3 ,

Vorwort : Ein Kochbuch für Lehrer, Schüler und Eltern mit Rezepten für den Schulalltag.......... 4,
Inhaltsverzeichnis........5 - 7,

Kapitel 1 – Sechs Voraussetzungen für einen erfolgreichen Unterricht..... 8,
  1. Lehrerpersönlichkeit – Die Freude des Schülers am Lernen...7
     Das wichtigste Kriterium für einen guten Schulerfolg - Plakatives zum Nachdenken.....9,
  2. Wie kann ich Stress abbauen und mein Arbeitspensum minimieren? Förderung des entdeckenden Lernens, des Selbstbewusstseins und der Eigenverantwortlichkeit der Schüler – Warum? Warum müssen wir lernen?..... 10,
  3. Eine gute Zusammenarbeit mit den Kollegen ist unbedingt notwendig – Die Unterstützung durch die Schulleitung – Wir müssen investieren...... 11, **I have a dream – Plakatives zum Nachdenken....... 12,**

Kapitel 2 Der Lehrer, seine Schule und seine Vorgesetzten 13,
  Das Unterrichten als Klassenlehrer -   Der Stundenplan...13,   Krankheitsvertretungen....14 , Hospitation....15,
  Das Schulrecht....16, Ärger mit Vorgesetzten - Einsatz des Personalrates.... 17, Sichern Sie sich ab...17,
  Das sage ich dem Personalrat...18,   Gesamtlehrerkonferenz und Schulkonferenz 18,
  Das geht nicht gibt's nicht – Plakatives zum Nachdenken......19,

Kapitel 3   Der Lehrer im Unterricht........20
  1. Die tägliche Freude am Unterrichten – Die Freude am Lernen... 20, 2. Der Lehrer ist Vorbild - Was erwarten die Schüler von ihrem Lehrer.... .21, Wie soll mein Lehrer sein?.....22, Umgang mit Schülern, Eltern Kollegen und Vorgesetzten - Spielen Sie Schach..... 23,   Wie optimiere ich meine Arbeit.... 24, Gefühle zeigen.... 24,
  Lernen und verstehen durch zuhören - Hören Sie sich selbst zu!... 25,

Kapitel 4   Belastungsminimierung durch Auszeiten.....26,
  Wir wollen ja nicht klagen....26, **Das rote Telefon – Plakatives zum Nachdenken....27,** Auszeiten suchen und sich während des Unterrichtes entspannen.... 28, Auszeiten und Erholungsphasen im Unterricht -
  Je mehr Vertrauen, desto mehr Freiheit... 29,   Der Lieblingstraum eines jeden Lehrers.....30,

Kapitel 5   Die Ausbildung des Lehrers.... 31,
  Schwerpunkte der Weiterbildung - Gemeinschaftsschule- Ausbildung Alltagsunterricht 31,
  Schulen in Finnland – Plakatives zum Nachdenken.. ..32, Grundausbildung in Musik, Kunst und Sport....33,
  Musik macht Spaß...34,

Kapitel 6   Der Schüler 35
  Der Schüler bestimmt seinen Freiraum....35,   Die Neugierde wecken: Warum warum warum?...
  Warum müssen wir das lernen?.... 35, Selbsteinschätzung und Selbstbenotung.... 36,
  Gute Schüler haben eine Verpflichtung.... 37, Ärgern und mobben.... 37

Kapitel 7   Der Schüler und sein Klassenzimmer - Rahmenbedingungen....... 38,

Das Klassenzimmer als Wohlfühlraum ..38,   Ordnung im Klassenzimmer.... 38,   Die eigene Klassenbücherei....39   Lesestunde - Spiele.... 40, Der Einsatz von Computern, Smartphone etc..... 41,

Kapitel 8   - Die Klasse....... 42,

Eine Klasse ohne Regeln ist wie ein Auto ohne Bremsen... 42 Regelverstoß...... 42, Rituale - eingeübte Handlungsabläufe... 43 Kommissar Kniebel...44, Der Kummerkasten ...45, Die Schultafel....45, Die Schönschrift.....46, Hausaufgaben sollten gezielt ausgesucht und differenziert sein ....48, , Hausaufgaben müssen immer korrigiert werden 49

Kapitel 9   Die Schüler im Unterricht........ 50,

Überforderung und Unterforderung..... 50 , **Plakatives zum Nachdenken - Lernen kann so schön sein....51**, Wiederholungen – Lob muss ehrlich sein.... 52,

Kapitel 10   Vorkommnisse mit Schülern: 53,

Der tägliche Streit..... 53, Streitlösungen....53, Gebrauch von Schimpfwörtern: Schüler zu Schüler ......54, Schimpfwörter Lehrer zu Schüler... 55, Schimpfwörter :Schüler zu Lehrer Schüler - (z.B.Arschloch.....) 55-56, Ausrasten und Wutanfälle.... 57, Petzen.... 57, Strafe oder Konsequenzen...58,

Kapitel 11 Das Verhältnis zwischen Klasse und Lehrer....59,

Verhältnis Schüler Lehrer – Das Echo 59,   **Schulbildung und Pferdeausbildung – Plakatives zum Nachdenken ...60** Vertrauen haben und auf das Positive aufbauen......61, Man findet immer etwas Positives......62,

Kapitel 12 Störungen des Unterrichtes durch die Klasse 63,

Geräuschpegel im Klassenzimmer.....63, Lieder und Spiele gegen Ermüdung und Unkonzentriertheit – Der Urschrei ....64, **Rechte und Pflichten–Plakatives zum Nachdenken.....65,** Ruhe, ohne den Unterricht zu unterbrechen – Sekundenzählen..66

Kapitel 13   Das schwierige Kind....... 67,

Der Stärkere hat Recht....67, Das Einzelgespräch.... 67   Störung durch einzelne Kinder-...... 68, In Eigenverantwortung des Schülers Unterrichtsstörungen vermeiden......69 Verhalten des Lehrers bei permanenten Störungen eines Schülers.....70, Aufzeichnungen von Unterrichtsstörungen 70..., Schriftliches Protokoll ....70, Ausgrenzung ....71, **Ritalin, die gefährlichste Droge der Welt...72**, Beratung durch den Schulleiter....73, Beratung durch den Schulrat.... 73,   Unterrichtsverweigerung des Lehrers mit Hilfe der Eltern...... 73,

Kapitel 14   Außerunterrichtliche Tätigkeiten..... 74,

Und das in meiner Freizeit?..... 74, Ist das wirklich notwendig?....74, Beispiele: SC gegen Bayern München ....75, Klassenfeste, Theater, Chor und Orchester......76, Auftritte außerhalb der Schule, Auftritte mit Vereinen....77, Warum das alles?....... 78, Die Planung einer Radtour......79, Ausschluss von Problemschülern.....80,

Kapitel 15   Das Schullandheim.....81

Organisation....81, Aufsicht und Ordnungsdienst....82, Wichtige Unterlagen, Elternbriefe.......83-85, Packliste..... 86, Regeln..... 87 , Erlaubnis. 88, Durchführung eines Schullandheimaufenthaltes für die Klasse 3 Programmbeispiele 89-90, So macht Schule Spaß ....91, Ist das Risiko nicht zu groß?...92

Kapitel 16   Die Eltern...... 94
Probleme mit Eltern?.........94,   Wehret den Anfängen....94,   Eltern sind viel besser als ihr Ruf........94, Elternstammtisch-Zeugnisnoten 95,   Einbinden der Eltern.... 96,   Einladen von kritischen Eltern zum Unterrichtsbesuch....96, Eltern beklagen sich....97, Elterngespräche wegen Problemen in der Schule.... 97, Was kostet ein Schüler an Steuergeldern....97, **Der Schwimmunterricht – Plakatives zum Nachdenken...98**

Kapitel 17   Inklusion-Befragung/Persönliche Stellungsnahme........99
Inklusion und Befragung....99,   Persönliche Stellungsnahme.....100, **Schulbildung ist zu wertvoll - Plakat...101**

Kapitel 18 Wenn Ihnen folgendes passiert 129
Jetzt ist aber Schluss....102,   Mein Lebenslauf....103, Die Illustratorin..... 104,

Kapitel 19   Praktische Hinweise für nicht studierte Unterrichtsfächer...... 105,
1 .Mathematik
Verständnis der Mathematik......105, Grundrechenarten....,106, Üben von Textaufgaben....106-107, Schulung des logischen Denkens....108,

2. Deutschunterricht
Lesen lernt man durch lesen....109, Spaß am Lesen, Einstieg ins Lesen....109,   Vorlesen........109, Besuchen der örtlichen Bücherei.... 110, Vorstellung der Lieblingsbücher im Unterricht....111,   Lesestunde.... 111, Lektüre....111,   Schülerzeitschriften........ 112 , Gedichte...... 112

3. Rechtschreiben
5 Rechtschreibregeln sind wichtig.... 113, Selbstständige Diktatverbesserung – Fehlersuche..... 114, Tipps zu Fehlersuche - Gute Schüler müssen gefordert werden....115, Konzentrationspause.. 115 Die Korrektur ...116,   Arbeitsblätter zur Diktatverbesserung: Diktatverbesserung Blatt 1: ... 117 , Blatt 2:..... 118

4. Aufsatzerziehung:
Vorübungen zum Aufsatz..... 119, Nacherzählung mit Stichwörtern ......119, Wie lernen Schüler aus ihren Fehlern...120, Aufsatzverbesserung: Korrigieren und benoten durch den Schüler selbst....120, Kann das überhaupt funktionieren?....122
 1. Wie schreibe ich einen Aufsatz (Klasse drei) 123   2. Wie benote ich meinen Aufsatz? (Klasse 3)......... 124,
 3. Aufsatzverbesserung (Klasse 3)......... 125

5. Fremdsprachen in allen Unterrichtsfächern durch Arbeitsanweisungen 126
6. Sachkunde-MNK - Raus aus dem Klassenzimmer 127
7. Kunst - Freude am kreativen Gestalten...128,
8. Musik - Musik darf kein Einzelfach sein 129,
Über den Kanon zur Zweistimmigkeit – Singen muss begeistern – alte Schlage umtexten...... 130 , Musik macht Spaß 131,

9. Sportunterricht...... 132
Organisation.......133, Hallenfußball...133,   Individuelles Vorgehen....134,   Sport soll Spaß machen und nicht wehtun.... 135, Der Schüler muss Vertrauen zu Ihnen haben ...135, Individuelles Vorgehen- Differenzierung im Sport 136

Kapitel 20   Schulpolitik - Plakatives zum Nachdenken
Das Paradies im Klassenzimmer....137,   Befragung von Grundschullehrern........138, Die Wahrheit wird Euch frei machen 139   Die gesiebte Wahrheit oder die Negativminimalisierung.....140

Kapitel 1 - Sechs Voraussetzungen für einen erfolgreichen Unterricht.

1. Die wichtigste Kriterien sind die Lehrerpersönlichkeit..........

Jeder weiß es aus seiner eigenen Schulzeit:
„Die ……… war meine Lieblingslehrerin, bei der ich gerne in die Schule gegangen bin.
Ich hatte immer gute Noten, weil der Unterricht Spaß gemacht hat, obwohl sie viel verlangt hat."
„Der……. war mein Lieblingslehrer. Bei dem hat mir sogar Mathe Spaß gemacht, bei ihm habe ich Mathe verstanden und meine Noten waren in diesem Fach noch nie so gut gewesen."
Auch ich selbst und habe diese Erfahrungen gemacht, und Sie wahrscheinlich auch.

Deshalb:
Das wichtigste Kriterium für einen guten Schulerfolg ist die Lehrerpersönlichkeit, (siehe auch Seite 9)
sind Lehrer, die selbst mit Freude unterrichten
und somit ihren Schülern die Freude am Lernen vermitteln können.

Daraus folgt: Schwierigkeiten mit Schulsystemen , Gesamtschulen , Inklusion , erziehungsschwierigen Kindern und Eltern sowie Probleme mit der Schulleitung und Kollegen sind zweitrangig und haben bei weitem nicht diese Bedeutung , die ihnen zugemessen wird, wenn die Rahmenbedingungen stimmen.

……und die Freude des Schülers am Lernen sowie die des Lehrers am Unterrichten.

Je mehr den Kindern das Lernen Spaß macht und je mehr sie ihren Fähigkeiten entsprechend
gefordert und gefördert werden können, desto größer ist der Unterrichtserfolg.
Kommen die Schüler gerne in den Unterricht, gibt es auch viel weniger Probleme im Schulalltag.

Wie ich das erreiche, ist für jeden Lehrer auf Grund seiner Anlagen und Fähigkeiten verschieden.
Deshalb kann ich in diesem Buch auch nur den Weg beschreiben und die Erkenntnisse weitergeben, die ich für mich persönlich gefunden habe, um mir die Freude an der Schule und am Unterrichten zu erhalten.
Dieser Weg ist individuell, von Person zu Person und von Klasse zu Klasse verschieden
und muss immer wieder bei auftauchenden Schwierigkeiten neu überdacht werden.

Das Ziel ist es, wieder festen Boden unter den Füßen zu bekommen
in Form einer pragmatischen Pädagogik, die sich an den Bedürfnissen der Kinder orientiert,
ohne pädagogische Höhenflüge oder nicht durchdachte, politischen Vorgaben,
die meistens nur dazu dienen, Wählerstimmen zu sammeln oder Geld zu sparen.

Das wichtigste Kriterium für einen guten Schulerfolg ist die Lehrerpersönlichkeit,

sind Lehrer, die selbst mit Freude unterrichten und ihren Schülern die Freude am Lernen vermitteln können.

Siehe Geo Februar 2011,

wo über eine 9. Klasse in Schweden berichtet wird und zwar eine der schlechtesten im ganzen Land, deren Lehrer gegen andere Kollegen ausgetauscht wurden, die landesweit von den Schülern als Ihre Lieblingslehrer gewählt wurden und die überdurchschnittliche Lernerfolge in ihrer Klassen aufweisen konnten.

In 6 Monaten führten sie diese Klasse landesweit auf den dritten Platz,
in Mathematik sogar auf Platz 1 und in Musik wurde eine Rockoper aufgeführt.

Daras folgt:
Nur wenn es ein Lehrer schafft, interessanten und abwechlungsreichen Unterricht den Fähigkeiten seiner Schüler entsprechend so zu gestalten, dass sie gerne in den Unterricht kommen, ist auch der Schulerfolg garantiert.

2. Wie kann ich persönlichen Stress abbauen, mein Arbeitspensum minimieren und meinen Unterricht erfolgreicher gestalten?

Dies war für mich nach vielen Irrwegen erst dann möglich,
als ich in meinem Unterricht die folgenden Schwerpunkte konsequent beachtete:

a) Die permanente Förderung des entdeckenden Lernens.

Schüler lernen an Hand von Problemlösungsstrategien, Probleme und sonstige Aufgaben gemeinsam in Gruppenarbeit oder alleine ohne den Lehrer zu lösen. Nur wenn alle Möglichkeiten ausgeschöpft sind und die Schüler nicht weiterkommen, greift der Lehrer ein. Dadurch bleibt das Erarbeitete viel besser im Gedächtnis haften und wird auch besser verstanden.

So wird die Selbstständigkeit des Schülers immer mehr gefördert und je selbstständiger ein Schüler arbeitet, desto mehr lernt er dabei und es gibt weniger Arbeit für den Lehrer.
Ich entwickelte mich somit vom Lehrer zum Lernbegleiter.

b) Die tägliche Förderung des Selbstbewusstseins und der Eigenverantwortlichkeit.

Die Schüler werden immer mehr in Entscheidungsprozesse, welche die Klasse betreffen, mit einbezogen. Dadurch identifizieren sie sich mit ihrer Klasse und arbeiten so
besser mit.
Das geht sogar soweit, dass die Schüler lernen, ihre Arbeiten selbst zu korrigieren und zu benoten, um sie so für das Suchen und Auffinden von Fehlern und Fehlerschwerpunkten zu sensibilisieren. Auf diese Art lernen sie, viele Fehler zu vermeiden.

Es vermindert sich die Korrekturarbeit des Lehrers bis zu 70 %
und die Noten der Schüler verbessern sich .

Das Gleiche gilt auch für die Mitarbeit bezüglich Lösungsmöglichkeiten bei persönlichen Problemen eines Schülers.

c) Warum??? Dem Schüler muss immer wieder klar gemacht werden, warum die Schule für ihn wichtig ist, damit das Lernen für ihn einen Sinn macht.

Erarbeiten Sie dieses Thema und sprechen Sie immer wieder darüber.
Auch bei der Einführung eines neuen Lernstoffes ist dies wichtig. Der Schüler muss einen Sinn darin erkennen, warum er gerade das lernen soll und was es ihm nützt..
Siehe auch auf Seite 35: Warum? Warum? Warum?

3. Eine gute Zusammenarbeit mit den Kollegen ist unbedingt erforderlich.

Sehr wichtig ist es, sich mit allen anderen Kollegen, die in den gleichen Klassen unterrichten, abzusprechen und sich über Grundsätzliches zu verständigen.

Gerade bei Disziplinproblemen gibt es in der Klasse 70% weniger Störungen des Unterrichtes, wenn alle Lehrer, die in der gleichen Klasse unterrichten, auch am gleichen Strang ziehen was bedeutet, dass sie fast die gleichen Erziehungsmaßnahmen in ähnlich gelagerten Fällen ergreifen.
Die Schüler wissen dann ganz genau, was passieren wird, wenn………………….und können die Lehrer nicht mehr gegenseitig austricksen.

Habe ich Kollegen, mit denen ich optimal zusammenarbeiten kann und dazu noch einen Schulleiter, der hinter dem Kollegium steht, dann macht das Unterrichten wirklich Spaß.

4. Die Unterstützung durch die Schulleitung ist unbedingt erforderlich!

Außerdem sollte jede Schule einen Schulleiter haben, der für ein gutes Betriebsklima sorgt und hinter seinen Kollegen steht, auch bei Problemen mit Eltern und dem Schulamt,
 und der dafür sorgt, dass die Rahmenbedingungen für einen guten Unterricht vorhanden sind.

Nur ein Lehrer, der sich an einer Schule wohlfühlt, kann auch längerfristig guten Unterricht machen.

Deshalb: Werden Sie Schulleiter, wenn Sie sich das zutrauen. Sie können dann so viel bewirken.

5. Wir müssen investieren!

 Es ist wie in der freien Wirtschaft:
Sie müssen in jede neue Klasse und in die Elternarbeit viel Arbeit und Zeit investieren,

und zwar mindestens 3 Monate, wenn Ihr Vorgänger nicht dementsprechend gearbeitet hat, bis ihre Schüler so weit sind, dass sie einigermaßen selbstständig arbeiten können.
Diese drei Monate sind nicht einfach, gerade bei schwierigen Klassen und schwierigen Eltern.,

        Aber dann………………dann macht´s Spaß

Um sich viel Ärger zu ersparen, ist besonders der frühe Kontakt mit möglichst vielen Eltern sehr wichtig, (Elternsprechstunde, Elternstammtisch, Hausbesuche etc…-)
Siehe auch im Inhaltsverzeichnis unter: Die Eltern.

I have a dream!

Alle Schüler und alle Lehrer

gehen gerne in die Schule

und jeder Schüler wird

seinen Fähigkeiten entsprechend

gefördert und gefordert.

Dann haben wir fast das Paradies im Klassenzimmer

Dieser Traum bleibt leider unerfüllbar, solange unsere Bundesländer nicht die notwendigen Rahmenbedingungen dafür schaffen.

Kapitel 2 Der Lehrer, seine Schule und seine Vorgesetzten

1. Das Unterrichten als Klassenlehrer

Bitten Sie darum, dass Sie Ihre Klasse in möglichst vielen Fächern unterrichten können.

Unterricht in den „Nebenfächern" also nicht in Deutsch und Mathemarik machen den Schülern in der Mehrzahl mehr Spaß und setzen auch viel mehr aktives Tun voraus.
Dies ist gerade für unsere heutigen Kinder sehr wichtig.

Der Unterricht in diesen Fächern sichert Ihnen einen Bonus für Mathe und Deutsch.

Gehen die Schüler gerne zu Ihnen in diese „Nebenfächer" die man noch viel kreativer und schülerfreundlicher gestalten kann als die sogenannten Hauptfächer, färbt sich dies auch auf die Arbeitsmoral in den Hauptfächern ab.

Als Fachlehrer in einer anderen Klasse haben Sie es schwieriger, besonders auch dann, wenn der Kollege andere Erziehungsmethoden hat.

2. Der Stundenplan.

Stören Sie sich nicht daran, wenn Sie zwischendrin eine Freistunde haben, denn Sie können korrigieren und müssen nicht alles nach Hause mitnehmen und Sie können sich auch etwas vom Stress des Unterrichts erholen.

Außerdem kann man noch am gleichen Tag, wennn man nochmals in der gleichen Klasse Unterricht hat, kurz auf Probleme, die sich beim Korrigieren gezeigt haben, eingehen, um weitere Fehler zu vermeiden.

Tipp:
Wehren Sie sich jedoch, wenn Sie immer wieder, besonders wenn Sie nur halbes Deputat haben, nach dem Motto: Sie/Er ist ja sowieso da, als Krankheitsvertretung in Ihrer Freistunde eingesetzt werden.

3. Krankheitsvertretungen sollten nach einem Schlüssel so verteilt werden, dass jeder im gleichen Maße damit belastet wird und zwar im Verhältnis zu seinem Deputat.

4. Die Hospitation

Es gibt keine bessere Möglichkeit, sich in die nicht studierten Fächer einzuarbeiten ist, als bei Kollegen in diesen Fächern zu hospitieren (oder die Kollegen bei Ihnen) und anschließend darüber zu sprechen.

Diese Zeit macht sich hundertfach bezahlt, denn Sie lernen dabei nicht nur, welche Fehler Sie in Ihrer Klasse vermeiden sollten, sondern Sie können die positiven Dinge, die Ihren Unterricht für Sie und ihre Schüler leichter und interessanter machen, sofort übernehmen.

Natürlich können Sie das auch mit den Fächern machen, welche Sie studiert haben.
Da ist es manchmal noch viel interessanter, weil man sich auf Augenhöhe befindet und noch sachlicher diskutieren kann.
Außerdem können Sie sich bei diesen Kollegen über Lektüre und Weiterbildungsmöglichkeiten informieren.
Da Sie am Anfang kein volles Deputat haben, sollten Sie diese Möglichkeit umso mehr nutzen.

Besonders interessant sind auch die Maßnahmen der Kollegen, wie sie ihre Schüler zu konzentrierter Teilnahme am Unterricht bringen oder welche Probleme sie mit ihren Schülern haben.

Bei der Besprechung bitte nur konstruktive Kritik in der Form oder: „Ich hätte vielleicht......."
Sie wollen und müssen ja weiter mit diesen Kollegen zusammenarbeiten.

Ideal ist es natürlich, wenn man sich so gut kennt, dass man wirklich offen über alles reden kann.

Übernehmen Sie nichts aus dem Unterricht Ihrer Kollegen, ohne davon voll überzeugt zu sein.

Nur wenn Sie von einer Maßnahme, die Sie gesehen oder gelesen haben, überzeugt sind oder Sie glauben, dass sie wahrscheinlich funktioniert, kann diese auch in Ihrem Unterricht Erfolg haben.

Ich habe früher nie hospitiert.
Erst als ich im Ausland unterrichtete und dort zur Hospitation verpflichtet wurde merkte ich, wie viel dies mir persönlich brachte.

5. Das Schulrecht.

Jeder Lehrer muss sich unbedingt im Schulrecht auskennen.

Nur wenn Sie ihre Rechte und Pflichten kennen, sich also im Schulgesetz genauestens auskennen, können Sie Ihre Freiräume finden, die sie brauchen
und nur dann wissen Sie, ob es einen Sinn hat, gegen etwas anzugehen.

Das gefühlte Recht nützt Ihnen leider nichts.
.
So ersparen Sie sich viele überflüssige Diskussionen, Reibereien und Ärger.

Nur wenn sie Ihre eigenen Rechte und Pflichten und die Rechte und Pflichten der Schüler sowie der Eltern kennen, einschließlich des ganzen Maßnahmenkataloges bei Problemfällen, können Sie richtig reagieren und sachlich argumentieren, gerade auch Ihren Kollegen, der Schulleitung, dem Schulamt und den Eltern gegenüber.

Tipp:
Ich habe für mich ein Schulrecht auf Karteiblättern verwendet. (Schulleiterkartei)

Wenn es um ein rechtliches Problem geht, hatte ich innerhalb von Sekunden die nötigen Unterlagen, war sofort informiert und brauchte dann nur noch die betreffende Karteikarte in die Schule oder zum Elternabend mitnehmen

Tipp:
Im Zweifelsfall wenden Sie sich an den Personalrat, wo sie bei Rechtsfragen ausführlich beraten werden.

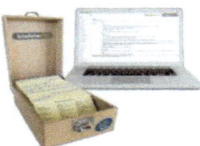

6. Der Umgang mit Vorgesetzten

Tipp:
Werden Sie zu einem Gespräch zum Schulleiter oder zum Schulamt zitiert, lassen Sie sich vorher genau informieren, um was es sich handelt, damit man Sie nicht überrumpeln kann. Bereiten Sie sich gründlich auf dieses Gespräch vor bzw. informieren Sie den Personalrat über den Inhalt, damit er sie beraten kann oder um ihn evtl. auch als Unterstützung mitzunehmen.

Tipp:
Sichern Sie sich ab!
Machen Sie von den Gesprächen mit Vorgesetzten, wenn es um Meinungsverschiedenheiten oder um Zusagen geht, danach sofort ein Gedächtnisprotokoll.

Sammeln Sie alle Unterlagen, die sie diesbezüglich bekommen haben oder selbst verfertigt haben. (Schriftverkehr per E-Mail oder Einschreiben.)

Mündliche Zusicherungen können oft reine Beschwichtigungsversuche sein und haben ohne Zeugen juristisch keinen Wert.
Lassen sie sich alles Wichtige schriftlich bestätigen.

Tipp:
Sie können, wenn Ihnen etwas mündlich versprochen wurde, anschließend eine E-Mail an den Vorgesetzten schicken,
worin sie sich nochmals für das offene Gespräch und die darin erteilte Zusage bedanken.

7. Suchen Sie bei Problemen Hilfe beim Personalrat

Tipp:
Meinen Sie, sich wehren zu müssen, informieren Sie sich erst über die rechtliche Seite.

Beim Personalrat kennt man sich sehr gut im Schulrecht aus.
Dort sagt man Ihnen auch sofort, ob eine Beschwerde sinnvoll ist und wenn ja, wie man vorgehen soll.

8. Die Gesamtlehrerkonferenz und die Schulkonferenz

Haben Sie gute Ideen, wollen sie an der Schule etwas bewegen oder ändern, dann nie im Alleingang.

Gute Ideen finden immer genügend Anhänger im Kollegium oder bei den Eltern.
Suchen Sie genügend Mitstreiter, dann erst lassen Sie Ihr Projekt oder ihre Idee fristgemäß auf die Tagesordnung setzen. Ein guter Schulleiter macht das auch.

Tipp:
Informieren Sie sich im Schulrecht über den Punkt: „Antrag zur Geschäftsordnung"
Dieser Antrag bietet ungeahnte Möglichkeiten für einen im Schulrecht gut informierten Lehrer.

Immer wieder höre ich:

**Das geht nicht, das ist halt so,
da kann man nichts machen.**

Das gilt besonders für Probleme in und an den Schulen,
die in den wenigsten Fällen sofort lösbar sind.

Aber es gibt: Das geht nicht sofort,
es gibt Teillösungen und Teilverbesserungen
und Lösungen auf längere Sicht,

aber:

**Das geht nicht,
gibt's nicht!**

Kapitel 3   Der Lehrer im Unterricht

1. Die tägliche Freude am Unterrichten

Unterricht, welcher mir Spaß macht, mich also motiviert, ist leichter und bringt weniger Stress.

Deshalb muss ich für mich Arbeitsbedingungen schaffen, die den täglichen Stress im Klassenzimmer so minimieren, dass mir das Unterrichten Spaß macht.

Von Politik und Schulbehörde ist da wenig Hilfe zu erwarten.

Für diese besseren Arbeitsbedingungen braucht es aber folgende Voraussetzung:

Ich muss auch meine Schüler motivieren.

Die wichtigste Voraussetzung dafür ist es, meinen Schülern Freude am Lernen zu vermitteln. Denn nur wenn die Schüler gerne in meinen Unterricht gehen, macht auch mir das Unterrichten Freude.
Aber wie soll das funktionieren?

Die meisten Schüler lernen, um gute Noten zu bekommen oder sie lernen für den Lehrer oder für die Eltern, um von ihnen beachtet und anerkannt zu werden.

Die Aufgabe des Lehrers ist es dann, dieses Lernen für eine „Belohnung" oder dieses „Zwangslernen" in eine Freude am Lernen selbst umzufunktionieren.

Diese Freude am Lernen sollte den Schüler sein ganzes Leben lang begleiten.

2. Der Lehrer ist Vorbild

Ob er will oder nicht, der Lehrer ist für viele Schüler ein Vorbild und ersetzt sogar immer mehr Vater oder Mutter bei sozialen Defiziten im Elternhaus.
Wir verbringen gerade in der Grundschule sehr viel Zeit mit unseren Schülern und oft sehen die Kinder uns viel öfters als die eigenen Eltern, besonders natürlich in Ganztagsschulen.
Jeder, ob Kind oder Erwachsener, möchte seinem Vorbild nacheifern.

> Dies bedeutet für die Praxis:
> Jeder Lehrer sollte sich im Klaren sein, dass er von seinen Schülern Eigenschaften wie Pünktlichkeit, Sauberkeit, Ordnung, Zuverlässigkeit, ordentlich gemachte Hausaufgaben etc.
> nur dann verlangen kann, wenn er diese auch selbst befolgt.

Pünktlicher Stundenanfang, sauberer Tafelanschrieb, Korrekturen schnell wie möglich erledigt, Ordnung im Klassenzimmer, ordentliche Kleidung und einigermaßen aufgeräumter Pult, freundlicher, aber bestimmter und konsequenter Umgang mit den Schülern etc. .... sind unbedingt erforderlich. Also:

> Sollen die Kinder gerne zu mir in den Unterricht kommen muss ich selbst gewisse Eigenschaften mitbringen, welche die Zusammenarbeit von Klasse und Lehrer reibungsloser verlaufen lassen.

Deshalb sollte ich mir unbedingt Gedanken darüber machen, welche persönlichen Eigenschaften ein Lehrer haben bzw. sich erarbeiten muss.

3. Was erwarten die Schüler von ihrem Lehrer?

Ich habe meine Schüler darüber immer wieder befragt, welche Eigenschaften ein Lehrer haben sollte, was ihnen an ihren Lieblingslehrer beonders gefällt und habe in fast jeder neuen Klasse Aufsätze darüber schreiben lassen.
Auch bei meiner Befragung im Internet war dies ein wichtiges Thema
.
> Ich habe dann aber auch ihre Anregungen ernst genommen und mich immer wieder diesbezüglich kontrolliert.

Das hat mir sehr geholfen, ein noch besseres Vertrauensverhältnis zu meinen Schülern aufzubauen.

Es ist wirklich sehr interessant, was bei diesen Befragungen herauskam.

Die meistgeäußerten Wünsche der Schüler

Sie wünschen sich,
- dass ihr Lehrer gerne und begeistert unterrichtet und seine Fächer liebt.

Außerdem muss er
- Kinder gerne haben, sie als Persönlichkeiten sehen und dementsprechend behandeln.
- Auch sollte er locker sein, kleine Späße machen und auch selbst einen kleinen Spaß vertragen können
- und auch ab und zu auch mal Kind sein können.

- Er muss ehrlich und fair sein und darf keine Lieblinge in der Klasse haben.

- Außerdem muss er konsequent und deshalb berechenbar sein.

Die Kinder müssen sich auf ihn verlassen können.

- Er darf nicht launisch und gleich beleidigt sein .
- Er kann sich auch dafür entschuldigen, wenn er sich nicht richtig verhalten hat.
- Er darf nichts persönlich nehmen und kann auf begründete Einwände eingehen
  und deshalb auch falsche Entscheidungen rückgängig machen.

Das setzt voraus: Er muss zuhören und sich einfühlen können.
- Er geht freundlich und höflich mit den Kindern um, verlangt von ihnen aber dasselbe Benehmen.

Je mehr dieser Eigenschaftenn also ein Lehrer besitzt beziehungsweise für sich erarbeitet hat,
desto problemloser wird er unterrichten können..

Deshalb muss er seine eigenene Stärken und Schwächen finden und analysieren!

Setzen Sie also im Unterricht Ihre Stärken ein und arbeiten Sie kontinuierlich an Ihren Schwächen.

Gibt es Probleme, analysieren Sie diese. Suchen Sie die Ursachen auch bei sich und nicht nur bei den Schülern und reagieren Sie dementsprechend

Reflektieren Sie immer, warum etwas gut gelungen ist oder die Sache schlecht lief, (Evaluation)
lernen Sie aus beidem und versuchen Sie Ihren Unterricht dementsprechend zu ändern.

4. Der Umgang mit Schülern, Eltern, Kollegen, Vorgesetzten etc.: Spielen Sie Schach!

Gespräche mit Schülern, Eltern, Kollegen und Vorgesetzten sind wie ein Schachspiel.

Nehmen Sie persönliche Angriffe, egal von welcher Seite und auch außerhalb des Unterrichtes nicht persönlich, sondern diskutieren Sie auf sachlicher Ebene.
Lassen Sie sich nicht provozieren. Bleiben Sie cool.

Sehen Sie das ganze wie ein Schachspiel, welches Sie nur „ gewinnen" können, wenn Sie einen klaren Kopf behalten und immer mindestens ein oder zwei Züge vorausdenken.
Nur dann können Sie richtig parieren.

5. Wie optimiere ich meine Arbeit?

Ich sollte mich täglich fragen:

Wie verringere ich meinen Arbeitsaufwand so weit wie möglich
und mache trotzdem guten und erfolgreichen Unterricht.

Meine Bemühungen diesbezüglich ziehen sich wie ein roter Faden durch das ganze Buch.

6. Wir Lehrer müssen auch Gefühle zeigen

Haben sich andere Kollegen über die Klasse oder einzelne Schüler beschwert, sind Einträge im Klassenbuch, wurden Hausaufgaben" vergessen", wurde ein Schüler durch Rücksichtslosigkeit verletzt, ist das Klassenzimmer ein Saustall, hört man die Klasse durch das ganze Schulhaus schreien etc.:

Teilen Sie es den Kindern ganz deutlich mit, wenn sie darüber betroffen oder verärgert sind.

Beispiel:
Ich bin heute richtig fröhlich aufgestanden, habe mich auf euch gefreut, habe was Nettes vorbereitet für den Unterricht und jetzt komm ich herein und
erfahre/sehe, dass ....

Ich muss euch ganz ehrlich sagen, das ärgert mich gewaltig/ macht mich richtig traurig.
Im Moment habe ich überhaupt keine Lust mehr zu unterrichten. Ihr habt mich so enttäuscht.........
Sie können auch ruhig mal richtig schimpfen.

Da Sie Ihre Klasse sehr genau kennen wissen Sie auch, wie sie ihre Betroffenheit deutlich zum Ausdruck bringen können.

Vorsicht:

Die Kinder merken aber sofort, ob es Ihnen ernst ist oder ob Sie nur etwas vorspielen.

Besprechen sie mit der Klasse, wie man eine Wiederholung vermeiden kann
und wie Sie reagieren werden, wenn das gleiche nochmals vorfällt. (höchstens 5 Minuten)

Sie fühlen sich danach viel besser, weil Sie wenigstens einen Teil von Ihrem Frust losgeworden sind und können danach wieder viel entspannter unterrichten.

Und auch die Schüler arbeiten besser mit.

7. Lernen und verstehen durch zuhören.
Lernziel: Lehrer und Schüler sollen gegenseitig zuhören und miteinander diskutieren lernen.

Vorüberlegung
Viele Lehrer, Politiker und Leute in höheren Positionen haben heutzutage zwei große Probleme:
1. Sie hören sich gerne reden und
2. sie hören ihrem Gesprächspartner nicht mehr richtig zu,

denn sie sind nur damit beschäftigt, Gegenargumente zu finden, ohne permanent ihren Standpunkt zu überprüfen und wollen nur das hören, was in ihr Konzept passt.
Andere Standpunkte zu überdenken oder vielleicht sogar zu übernehmen wird als Schwäche angesehen.

Deshalb gehen oft sehr gute Argumente der Gegenseite verloren,
die bei der Problemlösung helfen könnten.

Die Entscheidungsträger informieren sich oft zu einseitig und nehmen sich auch keine Zeit,
sich direkt vor Ort ausreichend zu informieren.

Darum treffen sie immer wieder falsche Entscheidungen.
Deshalb:
Üben Sie das Zuhören nicht nur bei Eltern, Kollegen oder in der Familie, sondern vor allem bei ihren Schülern.

Und hören Sie sich selbst zu, was sie reden. Seien Sie dabei ihr größter Kritiker!

Zuhören können bei einer Diskussion oder einer Meinungsverschiedenheit ist das Wichtigste, um dazulernen zu können, seinen eigenen Standpunkt zu überdenken und evtl. zu ändern.

Reden Sie nur, wenn Sie wirklich etwas zu sagen haben!
Das verkürzt die Zeit bei Lehrerkonferenzen beträchtlich.

Außerdem kann ich den anderen nur verstehen, wenn ich ihm zuhöre und darüber reflektiere.

Und wenn ich ihn dann verstehe, ist eine Konfliktlösung viel besser möglich.
Ihn verstehen heißt aber nicht automatisch, ihm immer Recht zu geben.
Ideal ist natürlich, wenn beide zuhören können.
Dies sollten wir auch im Gespräch mit Kollegen beherzigen.

Kapitel 4 Belastungsminimierung durch Auszeiten

Wir wollen ja nicht klagen, aber…..
- wenn man in den Klassenkonferenzen die Klagen der Kollegen über Schüler hört,
- in vielen Klassen die Klassenbucheinträge durchliest,
- die Krankheitstage vieler Kollegen zusammenzählt,
- mitbekommt, wie viele Kollege wegen dauernder Überbelastung burn out haben, krankgeschrieben sind oder pensioniert werden müssen,
- die vielen Krankheitsvertretungen registriert, in denen zwei oder mehrere Klassen versorgt werden müssen, so dass von Unterricht fast keine Rede mehr sein kann,
- dass wir zeitmäßig mehr erziehen müssen als unterrichten können,
- dass immer noch viele zu wenig Lehrer eingestellt werden, obwohl fast jede Schule Bedarf hat, besonders in Inklusionsklassen
- und zusätzlich noch die Haltung der Landesregierung, die verlauten lässt, dass die Beamten und von denen besonders die Lehrer auf hohem Niveau jammern

Das rote Telefon - ein Tipp für unsere Gewerkschaft

Für alle Lehrer – Eltern - Schüler muss eine Art Not/Problemtelefon vorhanden sein, wo sie in „Notfällen" Unterstützung und Hilfe durch Mentoren, speziell ausgebildete und erfahrene Lehrer mit nachweislichem Unterrichtserfolg, erhalten
Diese Mentoren dürfen nicht an der gleichen Schule sein.
Dabei könnten auch Pensionäre helfen.

Wichtig:
Die anfallenden Probleme müssen dem Kultusministerium weitergeleitet werden, damit dort Lösungen gesucht und Abhilfe geschaffen werden kann.
Dieses Telefon muss es auch für Schulleiter geben.

- im Schulsektor permanent gespart werden muss……..

während die Bezüge der Abgeordneten jährlich automatisch angepasst werden,

Lehrer vor lauter Erziehen immer weniger Zeit zum Unterrichten haben

und somit die Leistungen der Schüler immer schlechter ausfallen.

-die Anzahl der Schulversager stetig zunimmt, die überhaupt keinen richtigen Schulabschluss haben sowie die Klagen der Handwerksmeister über immer miserablere Schulleistungen immer lauter werden und wir deshalb einen gravierenden Facharbeitermangel haben.

Da zeigt sich doch, dass die Lehrer heute unter diesen Arbeitsbedingungen nicht mehr effektiv unterrichten können.

Von unseren Vorgesetzten bekommen wir keine wirkliche Hilfe und schon als Schulleiter hat man nach einem Jahr vergessen was es heißt, 28 Stunden zu unterrichten.
Je weiter oben in der Hierarchie, desto weniger hat man eine Ahnung von der Belastung der Lehrer.
Um daran nicht kaputt zu gehen wie es schon vielen Kollegen passiert ist, müssen wir uns selbst helfen.
Aber wie?
Die Lösung heißt:
Auszeiten suchen und nehmen!!

Wollen wir also den ganzen Morgen freundlich zu den Kindern sein, darf der Stress uns nicht überfluten.
Deshalb müssen wir uns kleine Auszeiten suchen und gönnen.
Unter Auszeiten verstehe ich einfach mal 5 Minuten Entspannung während des Unterrichtes.

5 Minuten aus der permanenten Tretmühle herauszukommen, um ein bisschen aufzutanken
und wenn ich nur mal für kurze Zeit ungestört aus dem Fenster hinausschauen kann, denn in den Pausen ist dies ja fast nie möglich. Dies kann man mit seiner Klasse systematisch einüben, denn:

Nach dem Schulgesetz muss ich nicht permanent im Klassenzimmer sein, jeder Schüler muss sich aber beaufsichtigt fühlen.

Wie oft gehe ich schnell zum Kopierer, weil ein oder zwei Kopien fehlen, da geht es ja auch.
Und noch größer sind die Zeitabstände, wenn ich parallel Krankheitsvertretung mache, da lasse ich ja die Schüler teilweise bis zu 20 Minuten allein.
Voraussetzung:
Die Schüler müssen genügend Arbeit haben, die auch interessant ist und wenn sie beendet ist, eine nachfolgende Arbeit bzw. Beschäftigung vorhanden sein.

Der Lehrer - Auszeiten nehmen und sich während des Unterrichtes entspannen.
Die Schüler dürfen weder unterfordert noch überfordert werden, da sie sich sonst unruhig, laut und

unkonzentriert verhalten.

Es muss klare Verhaltensregeln beim selbstständigen Lernen geben.

Tipp 1:
Sie trainieren systematisch das Verlassen des Klassenzimmers, sind aber immer in Hörweite.
Die Kinder wissen also nie, ob sie sofort wieder zurückkehren, oder erst nach 3 oder 10 Minuten.
Sie wissen aber ganz genau, dass ich sofort auftauche, wenn es laut wird und dies Folgen für die Störenfriede hat, denn ihre Mitschüler werden dadurch massiv gestört und können nicht lernen.

Tipp 2 :
Muss ich öfters eingreifen, weil es zu laut wurde dann ist es oft am einfachsten, schon vorher ein oder zwei der notorischen Hauptstörenfriede mit sich zu nehmen und selbst zu beaufsichtigen
oder gleich am Anfang, bevor ich überhaupt hinausgehe, schon ein oder zwei „potentielle Täter" fragen:
„Soll ich dich gleich mitnehmen oder kann ich mich auf dich verlassen?" Das hilft.

Tipp 3 :
Wenn ich zum zweiten Mal eingreifen muss und einen Schüler mitnehme, dann mit folgendem Kommentar: „Wenn du so viel Zeit hast, dass du nun schon zum zweiten Mal andere ärgern und Blödsinn machen kannst, hast du zu wenig zu tun.
Du brauchst also mehr Arbeit. Die bekommst du jetzt von mir, damit du auch wirklich beschäftigt bist"

Dass er bei der zweiten Störung Zusatzaufgaben bekommt, ist dem Schüler schon vorher bekannt.
Er weiß also genau, auf was er sich einlässt, wenn er zum zweiten Mal stört.
Diese Reaktionen sind wirksamer als herumzuschreien oder Strafarbeiten zu geben.

Als ich die Kinder nach einer gewissen Übungszeit auch länger alleine lassen konnte ist es ab und zu passiert, dass Kollegen mich im Klassenzimmer suchten und nicht glauben konnten, dass ich nicht da war, weil die Klasse so ruhig war.
Das Ganze funktioniert aber nur, wenn den Schülern folgendes klar ist:

Je mehr sich euer Lehrer auf euch verlassen kann, desto mehr Freiheiten habt ihr.

Und desto mehr können wir auch außerhalb des Klassenzimmers gemeinsam unternehmen

Tipp:
Der Schulleitung gegenüber wird erklärt, diese Art der Erziehung ist für selbstständiges Lernen unverzichtbar, außerdem sind die Schüler nach dem Schulgesetz beaufsichtigt

Der Lieblingstraum eines Lehrers

Kapitel 5   Die Ausbildung des Lehrers

Unser Dienstherr stürzt sich pausenlos in Aktivismus mit neuen Reformen - fast kostenneutral natürlich - um bessere Lernerfolge zu erzielen.

Es wäre es doch, da die Lehrerpersönlichkeit das wichtigste Kriterium für den Schulerfolg ist, viel vernünftiger, die Lehrerausbildung zu verbessern.

Diese Auswahl unserer zukünftigen Lehrer sollte so stattfinden, wie sie in Finnland praktiziert wird.

Dort werden nur „pädagogisch Hochbegabte" nach einer sehr strengen Auslese genommen. Außerdem ist dort der Lehrer nur für das normale Unterrichten zuständig, für Erziehungsprobleme gibt es Psychologen, Sozialarbeiter, Sonderschullehrer für Lernbehinderte etc....

Wichtig wäre als erster Schritt, dass diese Auslese durch erfahrene und erfolgreiche Lehrkräfte so durchgeführt wird, so dass es keine für den Schuldienst ungeeigneten Lehrkräfte mehr gibt.

Dies ist auch eine absolute Vorbedingung für das Unterrichten an einer Gemeinschaftsschule. Besonders dafür brauche ich erfolgreiche und speziell dafür ausgebildete Mentoren.

Vor deren flächendeckender Einführung müssen auf der PH die Junglehrer und außerdem die Lehrer vor Ort von den Vorteilen dieser Schulart überzeugt und diesbezüglich ausgebildet werden.

Nur dann werden diese Schulen auch gut funktionieren,
werden aber auch mindestens das Dreifache kosten und das Vierfache an Personal brauchen.

Die Lehrer sollten außerdem besser im Studium auf den täglichen Unterricht vorbereitete werden. z.B. Wie bereite ich sechs Stunden hintereinander vor.

Die Studenten werden auch viel zu wenig auf den Umgang mit Schülern, Eltern und Vorgesetzten sowie den zusätzlichen Dauerbelastungen und Zusatzaufgaben, durch die der Unterricht permanent unterbrochen wird, vorbereitet.

.
Schwerpunkt des Studiums sind Unterrichtsvorbereitungen, in der Praxis sind es Erziehungsprobleme.

Schulen in Finnland

aus Geo Februar 2011

1. Die finnischen Lehrer können sich ganz auf das Unterrichten konzentrieren,
   weil ihnen ein Stab von Gesundheitsfürsorgern, Psychologen, Sozialarbeitern, Laufbahnberatern und Krankenschwestern zur Verfügung stehen.

2. Nur 2% der Schulen haben über 500 Schüler.

3. Es gibt eine Bildungspflicht, aber keine Schulpflicht.

4. Von mehr als 6000 Bewerbern zum Lehrerstudium werden **nach strengster Prüfung 600 pädagogisch hochbegabte Studenten**, das sind ca 10% der Bewerbungen, zugelassen.

5. Unfähige Lehrer können von der Schulleitung entlassen werden.

Eine Grundausbildung in Musik, Kunst und Sport sollte für jeden Grundschullehrer verpflichtend sein.

Jeder Grundschullehrer sollte in Musik und Sport, wenn er diese Fächer nicht studiert hat, ein Grundstudium absolvieren.

Sport um den Bewegungsdrang der Kinder noch besser entgegenzukommen und Musik besonders als Entspannung und Auflockerung im Unterricht.

Was in diesen Fächern von nicht ausgebildeten Lehrern unwissentlich kaputt gemacht oder nicht genutzt wird, schreit zum Himmel.

Diese Fächer sind viel zu wertvoll, als dass durch unausgebildete Lehrer nur ca. 20% ihres Potenzials genutzt werden können, denn Methodik und Didaktik kann man sich nicht selber beibringen.

Unausgebildete Lehrer haben im Sportunterricht Angst vor Geräten und Spielen wegen Verletzungsgefahr oder können einfach nicht Sport kindgerecht unterrichten, weil sie es nie gelernt haben.

In Musik können sie nicht mit den Kindern mehrstimmig singen, nach Noten spielen und ihnen mit Begeisterung Singen und Instrumente spielen lernen beibringen.

Ich habe ca. 10 Jahre gebraucht, um mich in diese Fächer, besonders in Musik, optimal einzuarbeiten.

Und wieviel Freude und Entspannung haben diese Fächer meinem gesamten Unterricht gebracht.

Tipp:
Besuchen Sie als Grundschullehrer möglichst viele Fortbildungsseminare in Sport und Musik. Es zahlt sich aus.

Musik macht Spaß

Kapitel 6   Der Schüler

1. Die Schüler bestimmen selbst ihren Freiraum.

Die Schüler müssen erkennen, dass sie ihren Freiraum selbst bestimmen.

Je mehr der Lehrer sich darauf verlassen kann, dass seine Schüler die besprochenen Regeln einhalten, desto weniger müssen die Schüler beaufsichtigt werden, das bedeutet:
Sie haben mehr Freiraum und desto mehr Spaß macht das Lernen.

Außerdem wird der Lehrer, wenn er sich auf seine Schüler verlassen kann, mehr Aktionen außerhalb des Klassenzimmers unternehmen können.

2. Warum, warum, warum?...... und : Warum müssen wir das lernen?

Neugierde ist das Fundament zum Lernerfolg!

Also müssen wir die zum Teil verschüttete, natürliche Neugierde eines jeden Kindes fördern, wo es nur irgendwie möglich ist.

Dazu kommt noch, dass einer der Hauptgründe für Unzufriedenheit von Schülern und Unruhe im Klassenzimmer ist, dass ihnen nicht immer wirklich klar ist, warum sie gerade das, was jetzt im Unterricht durchgenommen wird, lernen sollen.
Sehr oft denken sie: Was soll das denn?

Deshalb sollte der Lehrer bei jedem neuen Stoff den Schülern erklären,
                                    warum dies wichtig und sinnvoll ist.

Das „Warum" ist deshalb eine der wichtigsten Fragen, die permanent beantwortet werden muss, egal in welchem Unterrichtsfach:.
Also sollte vorher immer geklärt sein:
Warum müssen wir das lernen? Warum machen wir das so? Warum brauchen wir Regeln?
Warum wird es nachts dunkel? Warum soll es Fahrverbot für Diesel geben………..
Dieses „Warum?" zu fragen müssen viele Kinder wieder richtig lernen.

Tipp:
Dies geht aber nur, wenn auch der Lehrer seine Schüler permanent fragt:
„Warum lernen wir das?" „ Warum ist das so! " „ Wieso funktioniert das nicht?"………………etc.

Mit einer schlüssigen Begründung lernen sie leichter. Begründungen gibt es für kreative Lehrer immer.

Ganz wichtig ist das „Warum?" auch für das Sinnverständnis beim Lesen.

Findet man aber keine sinnvolle Erklärung, sollte man sich Gedanken darüber machen, ob man dieses Thema nicht wegfallen lassen sollte nach dem Motto: Mut zur Lücke.

3. Selbsteinschätzung und Selbstbenotung

Fast alle Schüler können ihre Leistungen selbst einschätzen und wissen auch ungefähr, in welchem Noten- bzw. Leistungsbereich sie selbst liegen.

Wenn ich also während des Unterrichts gefragt wurde, welche Note das gäbe oder ob die Arbeit mir gefällt habe ich meistens geantwortet:

Schau dir deine Arbeit an und sei ganz ehrlich: Gefällt sie dir oder gefällt sie dir nicht?
Hast du sorgfältig gearbeitet, bist du mit deiner Leistung zufrieden…..?

Und wenn du ganz ehrlich bist, kommen wir beide zum gleichen Ergebnis.
Was sich dann fast immer bewahrheitete.
Sehr oft nahm der Schüler dann seine Arbeit und sagte:" Ich fange noch einmal von vorn an",
ohne dass wir über Noten etc. gesprochen haben.

Tipp:
Erklären Sie Ihren Schülern, nach welchen Kriterien Sie benoten
        und auf welche Fehler sie besonders achten,
                und sie selbst müssen nicht mehr so viel korrigieren.

4. Gute Schüler haben eine Verpflichtung

Wenn ein Schüler schneller denken kann als viele seiner Mitschüler, wenn er stärker, schneller und sportlicher oder musikalischer ist, so sind dies Gaben, für die er dankbar sein sollte.
Deshalb sollte man auch damit nicht angeben und auf die anderen Schüler herabschauen.
Er sollte bescheiden bleiben und sich klar sein, dass er damit eine Verpflichtung hat, anderen Mitschülern zu helfen
Das bedeutet nicht, Lösungen zu diktieren oder Aufgaben abschreiben zu lassen, sondern Denkanstöße zu geben durch gezielte Fragen, die zum Lösungsweg führen.
Nur so lernt dieser Mitschüler selbstständig Aufgaben und Probleme zu lösen.

Tipp:
Dies Art von Hilfe muss im Unterricht erklärt und geübt werden..

5. Ärgern und mobben auch außerhalb der Klasse muss sofort besprochen werden.

Andere Kinder ärgern oder sogar mobben ist ein Thema, welches offen in der Klasse besprochen werden muss, wobei auch Namen genannt werden müssen mit der Möglichkeit, dass diejenigen sich rechtfertigen können.
Den betroffenen Kindern muss klar gemacht werden, dass Mobben wie ein Spiel mit bestimmten Regeln ist welches nur funktioniert, wenn sie selbst dieses gemeine Spiel mitspielen.

Mitspielen heißt sich ärgern, herumschreien, herumtoben und/oder zu weinen.
Und genau deshalb werden sie immer wieder geärgert.

Tipp für das Kind:
Wenn dich jemand mobbt oder hänsselt, höre ruhig zu, zeige ihm den Vogel, drehe dich um und gehe fort, ohne ein Wort zu sagen.
Durch das Weggehen sagt du ja schon: „Das ist mir zu blöd."
Rege dich auf keinem Fall so auf, dass es der andere merkt, denn genau das will der ja erreichen.
Der/die wird es noch ein paar Mal versuchen und da er/sie keinen Erfolg hat, aufgeben.

Einigen Kindern sollte man auch klarmachen, dass sie durch ihr Verhalten andere Kinder dazu reizen, sie zu ärgern, z.B. wenn jemand dauernd petzt oder mit Mitschülern umgeht, als wäre er/sie selbst etwas Besseres.
Maßnahmen gegen Mobbing sollten auf jeden Fall, wenn es nicht innerhalb der Klasse geregelt werden kann, mit der Schulleitung bzw. in der Gesamtlehrerkonferenz besprochen werden, besonders natürlich dann, wenn es sich um Internetmobbing handelt.

Kapitel 7 Der Schüler und sein Klassenzimmer

1. Die äußeren Rahmenbedingungen

Das Klassenzimmer sollte ein Wohlfühlraum für die Kinder sein.

Auf aggressive und kalte Farben sollte man verzichten.
Die Kinder sollen, so weit wie möglich, das Klassenzimmer selbst gestalten.
Wir wollen ein grünes Klassenzimmer haben: Blumentöpfe an den Fenstern, Blumen in Vasen, frische Zweige oder andere Dekorationen.

Die Ordnungsgruppe sorgt in den Sommermonaten immer für einen frischen, möglichst selbstgepflückten Blumenstrauß. Auch Kerzen mit Kerzenständer sollten vorhanden sein, (für Weihnachten und Geburtstage) dürfen aber nicht ohne Erlaubnis angezündet werden.

Und natürlich die Lieblingsposter der Kinder an den Wänden, von der Klasse ausgewählt, eine Hälfte von den Mädchen, eine Hälfte von den Jungen.
Es dürfen aber keine aggressiven Bilder sein. Den Kindern wird dies an Hand von Beispielen erklärt und auch erklärt, warum.
Wenn genügend Platz vorhanden ist, sollte man auch an eine Leseecke denken.

2. Die Ordnung im Klassenzimmer schult auch das soziale Verhalten.

Das Klassenzimmer soll sauber und aufgeräumt sein, denn ich möchte mich darin wohlfühlen.
Dafür sind jeder Schüler und eine Ordnungsgruppe, deren Aufgaben klar vorgegeben sind, verantwortlich.

Tipp 1 :
Wird das Klassenzimmer nach der letzten Stunde in großer Unordnung verlassen, den Putzfrauen an die Tafel schreiben: *Bitte nicht putzen.*

Dies wird vorher abgesprochen, auch mit der Klasse.
Am nächsten Morgen müssen dann die Kinder das Zimmer in Ordnung bringen.
Begründung: So was kann man den Putzfrauen nicht zumuten.

Tipp 2 :
Herrscht während der Unterrichtszeit große Unordnung im Klassenzimmer, den Unterricht rechtzeitig
beenden und.
dann sich wortlos in den Türrahmen stellen. Die Kinder wissen dann sofort, sie dürfen erst in die Pause,
wenn das Klassenzimmer aufgeräumt ist. Keiner geht vorher.
Begründung: So etwas können wir unseren Putzfrauen nicht zumuten.
Alle helfen mit. Auch wenn der eigene Platz in Ordnung ist.

Tipp 3:
Der Schüler, der seinen Platz in Ordnung hat, kann gehen.
Die Gruppe, die ihren Tisch in Ordnung hat, kann gehen

3. Die eigene Klassenbücherei

Die eigene Klassenbücherei ist eine ganz wichtige Hilfe, um die Schüler zum Lesen zu motivieren.
In den letzten Jahren hatte ich immer circa 250 Bücher in meiner Klassenbücherei,
sorgfältig ausgewählt nach Vorschlägen der Kinder und für jeden etwas, also auch Bilderbücher, Comics,
Kurzgeschichten, Schülerzeitschriften bis hin zu richtig dicken Schmökern.

Die Klassenbücherei ist jederzeit zugänglich, nur der Unterricht darf nicht dabei gestört werden.
Es kann immer gelesen werden, wenn die geforderten Aufgaben gemacht und vom Lehrer kontrolliert
sind und kein anderer Schüler Hilfe braucht.

Bücher, die man nach Hause mitnehmen möchte, werden wie in einer Bücherei ausgeliehen
und zwar zweimal in der Woche von Schülern der Klasse in der großen Pause.
Diese Schüler wechseln alle vier Wochen.
Die Ausgabedaten werden immer kontrolliert.
Verlorene oder befleckte Bücher müssen ersetzt oder gegen andere Bücher umgetauscht werden.

Die Bücherei entstand bei mir deshalb,
weil die Schüler ihre Lieblingsbücher in der Schule vorstellten und dann für ein Jahr deponierten,
so dass sie von den Mitschülern ausgeliehen werden konnten.
So war immer eine Anzahl von aktuellen, spannenden oder lustigen Büchern vorhanden.
Bei den Jungen waren besonders Sachbücher beliebt.
Am Ende des Schuljahres überließen dann die meisten Schüler diese Bücher der Schule.

Bei der Vorstellung dieser Bücher wird aber nur erzählt, was am Anfang passiert und welche Akteure
ihnen am besten gefallen und warum.

Dann wird noch die Lieblingsseite mit besonders gelungenen Aktionen oder Dialogen vorgelesen.
Da anschließend fast immer die halbe Klasse das Buch ausleihen will, wird die Reihenfolge festgelegt.
Diese „Bestseller" müssen nach einer Woche zurückgegeben werden.

Einmal in der Woche ist Lesestunde.
In dieser Lesestunde (die nicht immer 45 Minuten haben muss) herrscht absolutes Redeverbot.
Die Schüler dürfen sich aber im ganzen Schulhaus, im Sommer auch auf dem Schulhof, einen ruhigen Platz zum Lesen suchen.
Außer Lesen ist nichts erlaubt.

Wird bei den Kontrollgängen ein Schüler beim Sprechen erwischt, muss er den Rest der Lesestunde im Klassenzimmer verbringen.
Einige Schüler werden beim Kontrollgang nach dem Inhalt des bisher Gelesenen gefragt.

Der Lehrer sollte deshalb alle Bücher der Schülerbibliothek gelesen haben,
so dass er sich mit jedem Schüler über sein Buch, was er gerade liest, unterhalten kann.
Gerade das spornt auch schwache Schüler mehr zum Lesen an.

4. Spiele fördern soziale Umgangsformen und machen Spaß
In den meisten Schulen, in denen ich unterrichtete, bekam man aus dem Schuletat eine bestimmte Summe, um Spiele für die Klasse anzuschaffen.

Außerdem brachten noch viele Schüler ihre Lieblingsspiele mit in die Schule.
Viele Spiele blieben dann automatisch da und wurden auch am Jahresende nicht mehr mitgenommen.

Der Lehrer achtet darauf, dass es sich dabei nicht um Spiele handelt, die einen zu großen Geräuschpegel auslösen (wie „ Mensch ärgere dich nicht ").

Tipp:
Spielen Sie oder gute Schüler simultan mit mehreren Schülern oder mit Gruppen Schach.
Auch Dame, Mühle etc. eignen sich gut dafür.
Auf bestimmten Tischen dürfen Schach oder andere Spiele stehen gelassen werden.
Es wird auch sehr gerne Gruppenschach gegen den Lehrer oder einer anderen Gruppe gespielt, d.h. alle Schüler der Gruppe müssen sich auf den nächsten Zug einigen, was oft mit vielen Diskussionen verbunden ist, die aber sehr leise geführt werden müssen, aber ungemein das logische Denken übt.
Bei schwierigen Probleme kann übr eine Lösung auch zu Hause mit den Eltern darüber nachgedacht werden.
Es darf im Unterricht nur bis zu einer bestimmten Lautstärke gespielt werden, sonst wird abgebrochen.

Alle 14 Tage wurde in meinem Unterricht die Lesestunde mit einer Spielstunde kombiniert.

Tipp:
Die Schüler wussten dann vorher, dass in dieser Stunde nicht gemachte Hausaufgaben oder andere Bringschulden von säumigen Schülern erledigt werden müssen.

5. Einsatz von Computern, Tablets oder Smartphons.

Diese sollten nur gezielt eingesetzt werden mit klar vorgegebenen Aufgaben, hauptsächlich für Lernspiele oder für Recherchen.
.
Freies Surfen ist nicht erlaubt.
Spiele, die nicht ausdrücklich erlaubt wurden, können nur mit Genehmigung des Lehrers gespielt werden.

Computer oder Smartphons in der Schule dürfen keine Spielzeuge gegen Langeweile sein.

Kapitel 8   Die Klasse

1. Eine Klasse ohne Regeln ist wie ein Auto ohne Bremsen

Unverzichtbar für das Miteinander in der Klasse zwischen den Schülern und dem Lehrer sowie dem Lehrer und dem einzelnen Schüler sind Regeln, die aber immer wieder hinterfragt werden müssen.
Diese werden gemeinsam im Unterricht erarbeitet und dann so aufgehängt,
dass sie jederzeit von jedem Schüler eingesehen werden können.
Je nach Bedarf werden die Regeln erweitert oder gekürzt.

Zu den Regeln gehören auch im weiteren Sinne die Aufgaben der Ordnungsgruppe
sowie die Aufgaben für die Klassensprecher, welche auch ausgehängt sind.
Als Verbindungsglied zwischen Klasse und Lehrer hat der von der Klasse gewählte Klassensprecher eine wichtige Funktion.
Die Aufgaben des Klassensprechers müssen klar definiert sein. Aber:

Hält er selbst die Regeln nicht ein, kann er sie auch nicht von seinen Mitschülern verlangen.
Genau das gleiche gilt natürlich auch für den Lehrer.
Wenn sich eine Regel nicht bewährt, muss sie gemeinsam geändert werden

Reaktionen des Lehrers beim Verstoß gegen eine Regel.

Tipp:
Ein Schüler stört. Der Lehrer zeigt als Warnung auf den Schüler, dann auf die ausgehängten Regeln.
Er kann sogar die Nummer der Regel mit der Hand anzeigen, muss also den Unterricht nicht unterbrechen
Dieser Schüler weiß dann, dass er im Wiederholungsfall die Regel abschreiben oder einen kleinen Aufsatz
über den Sinn dieser Regel schreiben muss

Er gibt sich bei der zweiten Störung sozusagen diese Strafarbeit selber, denn er war ja vorgewarnt.

2. Verschiedene Rituale bzw. eingeübte Handlungsabläufe

Rituale sind für die Grundschüler ganz wichtig.
Sie geben ihnen Sicherheit und der Lehrer kann sich selbst für einen kurzen Zeitraum entspannen.
Die Schüler wissen genau, was als nächstes kommt, Schritt für Schritt, und fühlen sich deshalb sicher und entspannt.
Rituale haben aber ein **Zeitlimit**.

Beispiele von Ritualen:

Unterrichtsbeginn
Eines der wichtigsten Rituale ist der Unterrichtsbeginn.
Wenn der Lehrer irgend etwas Spezielles unternimmt (Handzeichen, Gitarre in die Hand, Sekunden zählt etc.) wissen die Schüler genau, dass der Unterricht beginnt und dass sie jetzt sofort alle aufpassen müssen.
Die Schüler müssen aber auch genau wissen was die Konsequenzen sind, wenn sie jetzt nicht aufpassen.

z .B: Ich habe heute lange warten müssen, bis ich mit dem Unterricht anfangen konnte.
     Wir können als in dieser Stunde kein Lied mehr singen – kein Bewegungsspiel machen –etc..............,
     weil uns jetzt die Zeit dafür fehlt.

Geburtstage feiern
An seinem Geburtstag darf sich in meiner Klasse der Schüler eine Kerze selbst anzünden, sie den ganzen Morgen auf seinem Platz brennen lassen (in der Pause wird die Kerze gelöscht) und sich ein Lied oder ein Spiel (höchstens 5 Min) wünschen.

Außerdem darf er sich auf einen Stuhl setzen, 2 Freunde und 2 Freundinnen aufrufen, die ihn dann zu viert hochheben während die ganze Klasse singt
„Hoch soll er leben, hoch soll er leben, dreimal hoch"

Natürlich gibt es für das Geburtstagskind keine Hausaufgaben.

Der Stuhlkreis
Wird im Unterricht öfters mit dem Stuhlkreis gearbeitet um ein aufgetretenes Problem zu besprechen, zur Entspannung ein kurzes Spiel durchzuführen oder aus vielen anderen Gründen etc., muss das Aufstellen der Stühle eingeübt werden.
Dabei wird folgende Aufgabe gestellt:
In welcher Zeit schaffen wir es, dass alle Schüler nach dem Stichwort Stuhlkreis im Kreis sitzen
und zwar ohne zu stoßen, ohne Geschrei und ohne Quatsch zu machen.
Dadurch können wir den Stuhlkreis viel öfter anwenden, ohne viel Zeit zu verlieren.
Den Kindern machte dies immer wieder Spaß.
Sie sind stolz darauf, wenn sie ohne Gerangel und ohne Geschrei vielleicht wieder mal eine Sekunde schneller waren.
Natürlich muss in Klassenzimmern entsprechend Platz zur Verfügung stehen.
Auch wenn Tische weggeschoben werden müssen, geht das bei richtiger Übung sehr schnell vonstatten.

Kommissar Kniebel im Matheunterricht

Höhepunkt im Matheunterricht waren bei mir wöchentliche Denksportaufgaben mit Kommissar Kniebel, und zwar am Freitag in der letzten Mathestunde.
Wenn ich dann ins Klassenzimmer kam, war der Tageslichtprojektor hergerichtet, das Licht an und die Schüler standen schon im Halbkreis um den Tageslichtprojektor,
um sich die neue Detektivaufgabe gemeinsam anschauen zu können.

Ich legte die Folie auf
und setzte mich dann ins äußerste Ende des Zimmers mit einer Tüte Gummibärchen in der Hand.

Wenn ein Schüler meinte er wisse die Lösung kam er zu mir und flüstert sie mir ins Ohr.
War sie richtig, bekam er eine Belohnung ohne Kommentar oder ich schüttelte den Kopf.
Waren die Aufgaben sehr schwer, bekamen die Kinder leichte Hilfen.

Vorteil:
Ich kam herein, ohne ein Wort zu sagen, der Unterricht begann sofort.
Die Schüler waren mäuschenstill denn sie wussten, wenn es laut wird, ist Kommissar Kniebel vorbei.
Ich saß entspannt da, genoß die Ruhe und wartete auf die Meldungen.

Nach drei richtigen Lösungen durfte zum Schluss der Gewinner die Lösung laut vortragen un d erklären.

Fazit:
Solche Rituale laufen von alleine, die Schüler sind mit Freude dabei und der Lehrer kann sich wenigstens teilweise entspannt zurücklehnen.

Diese Rituale können in allen Fächern, bei Lockerungsübungen im Unterricht, nach anstrengenden Arbeitsphasen, beim Diktat oder Aufsatz schreiben, beim Stationen Training im Sport, also fast überall eingesetzt werden.

Im Grund genommen ist ein Ritual ein festgesetzter Ablauf, der aufgrund eines Stichwortes in Gang gesetzt wird.

Da sie meistens mit Bewegung verbunden sind, lieben die Kinder diese Rituale.

3. Der Kummerkasten

Der Kummerkasten ist ein alter, ausrangierter oder selbst gebastelter Briefkasten.
Er ist sehr wichtig, um Probleme in der Klasse offenzulegen und um Spannungen abzubauen.

Jedes Kind darf einen oder mehrere Zettel pro Woche mit Namen oder anonym schreiben,
wenn es persönliche oder schulische Probleme hat , wenn ihm etwas sehr gut gefallen hat
oder wenn es Verbesserungsvorschläge bzw. Lösungsvorschläge bei aktuellen Problemen in der Klasse hat

Es kann aber auch seinen Zettel direkt bei mir abgeben wenn es nicht möchte, dass es vor der Klasse
vorgelesen wird. Das Problem wird dann im direkten Gespräch besprochen.

Jede Woche, möglichst am gleichen Tag, wird der Kasten geöffnet und jeder Zettel vorgelesen,
egal, was darauf steht, denn:

Jedes Kind will ernst genommen werden, besonders auch dann, wenn es schriftlich und anonym
provoziert.
Jede Woche, möglichst am gleichen Tag, wird der Kasten geöffnet und jeder Zettel vorgelesen,
außer er beinhaltet Beleidigungen, Schimpfwörter etc..

Es werden gemeinsam Lösungsvorschläge erarbeitet,
dafür steht aber nur eine begrenzte Unterrichtszeit zur Verfügung.
Meistens gibt man die Problematik an die Klasse weiter, damit sich die Kinder selbst Gedanken über eine
Lösung machen können.

Diese Lösungen können dann wiederum in den Kummerkasten eingeworfen werden.

4. Die Schultafel als Medium zur Erarbeitung, Vertiefung und Wiederholung des Lernstoffes

Für das gemeinsame Erarbeiten eines Lehrstoffes war die Schultafel für mich immer das wichtigste
Hilfsmittel für Lehrer und Schüler im täglichen Unterricht.
Auf ihr ist genau abzulesen, was im Unterricht in Form von Zeichnungen und Stichwörtern erarbeitet
wurde.
Auch als Stillarbeit ist das Abschreiben von der Tafel, was viele Schüler sehr gerne machen, sehr gut
geeignet. Zudem ist es für den Lehrer selbst immer eine gute Übung, Schönschreiben zu üben.

Außerdem bin ich gegen diese Menge von Arbeitsblättern, die meistens ungeordnet im Schulranzen
herum fahren, oft befleckt und zerknüllt sind, meistens nur kurzfristigen Lerneffekt haben und nach
Gebrauch nie wieder angeschaut werden.

Der Vorteil der Tafel ist es, dass von ihr abgeschrieben werden kann und somit der Unterricht wiederholt und vertieft wird.
Außerdem wird das Schreiben geübt was nach meinen Erfahrungen gerade für die heutigen Schüler, sehr wichtig ist.

Der Nachteil: Die Schüler konzentrieren sich beim Abschreiben nicht richtig und machen oft viele Fehler, weil sie nicht mitdenken.

Um das zu verhindern mache ich an der Tafel bewusst inhaltliche und orthographische Fehler.

Beispiel: Die Erde hat **k**ein Magnetfeld.
Natürlich wissen die Schüler schon vorher, dass der Lehrer Fehler in dem Text versteckt hat
und legen jetzt jedes Wort auf die Goldwaage.

Sie kontrollieren somit inhaltlich und orthographisch ganz genau, was an der Tafel steht, was natürlich einen sehr positiven Lerneffekt hat.

5. Eine ordentliche Handschrift ist wichtig zur Fehlererkennung.

Ich verlange von den Schülern, dass sie gut leserlich schreiben.
Ab und zu halte ich auch eine Schönschreibwoche.
Besonders im MNK-Unterricht und in Mathematik verlange ich ein sauberes Schriftbild.
Der Schüler weiß im Voraus, dass, wenn er schmiert, er diesen Teil nochmals schreiben muss.

Schauen Sie immer in den Heften nach, wo sich der Schüler- gerade bei Schuljahresbeginn - angestrengt hat und schön geschrieben hat.
Dies ist dann die Ausgangsbasis für das ganze Schuljahr.
Kommentar: „Schau mal, wie schön du da geschrieben hast. Behaupte also nicht, du kannst es nicht besser.

Begründung.
Wenn ich undeutlich schreibe, übersehe ich viele Fehler, besonders in der Mathematik und der Rechtschreibung.
Besonders wichtig ist dies in Mathematik, wenn z.B. aus einer Null eine sechs wird, eine sieben als eins gelesen wird etc. ………………………
Deshalb verlange ich in Mathematik, dass die Zahlen ordentlich geschrieben sowie alle Striche mit dem Lineal gezogen werden.
Dies gilt natürlich auch für mich beim Tafelanschrieb.

Mathematik verlangt Genauigkeit und Präzision, und so müssen auch meine Arbeitsweise und die Schrift sein.

Ob Sie es glauben oder nicht, man kann dies den Kindern verständlich machen!

6.. Selbstständig gemachte Hausaufgaben sind notwendig.

Meiner Meinung nach sind Hausaufgaben notwendig, um das selbstständige Arbeiten des Schülers ohne Hilfe zu üben.

Ich bin dagegen, dass Eltern oder auch Lehrer bei der Hausaufgabenbetreuung oder zu Hause bei den Hausaufgaben helfen, da ich dann am nächsten Tag nicht weiß, was der Schüler wirklich im Unterricht gelernt hat
und wie ich deshalb meinen Unterricht in den nächsten Tagen vorbereiten muss.

So weiß ich: Kann ich schneller vorwärts gehen, muss ich langsamer machen,
habe ich eine Einführung zu schnell gemacht, bestehen Lücken, die geschlossen werden müssen etc.

Höchstens Denkanstöße sind als Hausaufgabenhilfe erlaubt.

Was dies genau heißt, dies wird am Elternabend und mit den Kollegen der Hausaufgabenbetreuung besprochen.
Bei der Hausaufgabenbetreuung, egal in welcher Schulart, sollten die Aufsichtskräfte
nur dafür sorgen, dass der Schüler in Ruhe arbeiten kann oder höchstens mal einen Denkanstoß geben, –
mehr nicht.
Dann lieber darunterschreiben: Hausaufgabe wurde nicht verstanden.

Leider haben sich viele Lehrer angewöhnt, **viel Hausaufgaben aufzugeben, ohne deren Inhalt komplett zu kontrollieren.**
Sie wissen also gar nicht, was der Schüler wirklich kann
Denn:

Ich habe die Erfahrung gemacht, bekommt der Schüler seine Hausaufgaben nicht fehlerfrei korrigiert, entsteht ein negativer Lerneffekt, die Fehler werden sogar vertieft.

Aufgaben sollten deshalb
1. gezielt ausgesucht und differenziert in Aufgaben, die jeder machen muss und in freiwillige Zusatzaufgaben, die Spaß machen und für gute Schüler eine Herausforderung sind.
2 Die Hausaufgaben dürfen die schwachen Schüler weder vom Schwierigkeitsgrad noch von der Zeitdauer her überfordern.
3. Dafür werden diese Hausaufgaben in der Schule auch ganz genau kontrolliert und verbessert. Eine nicht gemachte oder nicht verbesserte Hausaufgabe gibt es dann nicht mehr.

Tipp 1:
Angefangen wird mit den Hausaufgaben, je nach Schwierigkeit, in den letzten 5-10 Min des Unterrichtes
Begründung:
1. Die Hausaufgaben werden im Hausheft angefangen.
   Der Schüler hat also schon im Hausheft die Aufgaben stehen
   und kann sich nicht mehr damit herausreden, er habe sie vergessen,
   denn Hausaufgaben in Mathe und Deutsch gibt es jeden Tag.

2. Außerdem haben die Schüler genügend Zeit, um sich die Hausaufgaben genauer anzuschauen. Wenn sie dazu Fragen haben, werden diese im Unterricht unter Einbeziehung der Klasse besprochen
   .

3. Dadurch brauche ich am nächsten Tag im Unterricht zum Kontrollieren der Hausaufgaben viel weniger Zeit, weil weniger Fehler gemacht werden und wenn sich das eingespielt hat, habe ich deshalb auch viel weniger zu korrigieren.

Tipp 2 :
Falls Schüler zu Hause doch noch Probleme haben, können sie mich zu einer bestimmten Uhrzeit auf mnem Handy anrufen. Meistens reite ich zu dieser Zeit mit meinem Pferd aus, es entsteht also für mich kein Zeitverlust und ich bin nicht im Stress. Die Zeiten werden den Schülern mitgeteilt.
Es kam selten vor, dass ich angerufen wurde. Die Schüler telefonierten lieber untereinander.
Vorteil:
Es gibt also in der Schule die Ausrede nicht mehr, ich habe die Hausaufgaben nicht verstanden.

Tipp 3 :
Damit ich die Hausaufgaben in Ruhe korrigieren kann, haben die Schüler in Deutsch und Mathematik **zwei** Hausaufgabenhefte,
so dass ich auch korrigieren kann, wenn die Schüler ein Heft im Unterricht brauchen, denn:

Je schneller korrigiert wird, desto wirkungsvoller die Verbesserung
und desto weniger Fehler werden in der Zukunft gemacht.

Tipp 4
Deshalb sollte auch beim Wochenplan, im Projektunterreicht je nach Aufgabenstellung und bei Referaten täglich nachgeschaut werden, ob inhaltliche Fehler korrigiert werden müssen, um nicht den Gesamterfolg der Aufgabe zu gefährden bzw. überflüssige Mehrarbeit zu vermeiden, die ja auch korrigiert werden muss, was auch dem Lehrer unnütze Arbeit verursacht.
Dabei sollte man auch ein Auge auf orthographische Fehler haben.

Auf diese Hefte kann man stolz sein.

Kapitel 9   Die Schüler im Unterricht

1. Unsere Schüler dürfen nicht überfordert bzw. unterfordert werden,

sondern wir müssen die Schüler in allen Fächern immer fordern,

das heißt sie müssen immer eine Beschäftigung haben, die sie weder unterfordert noch überfordert, denn nur dann gehen die Kinder gerne in den Unterricht.
Außerdem ist dann Ruhe im Klassenzimmer.

Unterfordern oder überfordern Sie Ihre Schüler, entsteht Unruhe und es wird Quatsch gemacht

denn die Kinder suchen für ihren Frust oder bei Langeweile ein Ventil.

2. Alle Fragen im Unterricht sollten durch die Schüler gelöst werden.

Fragen werden vom Lehrer so lange nicht beantwortet wie es noch eine Möglichkeit für die Schüler gibt, die Frage selbst zu beantworten.

Wenn der Schüler das Problem nicht lösen kann, muss er seinen Nachbarn um Hilfe bitten.
Kann dieser nicht helfen, wird das Problem der Gruppe vorgetragen.

Löst die Gruppe die Frage nicht - wobei diese mit der Zeit richtig Ehrgeiz entwickelt, die Frage selbst lösen zu können- besteht die Möglichkeit, eine benachbarte Gruppe zu fragen.

Erst wenn diese auch nicht helfen kann, wird beim Lehrer nachgefragt.
Dieser gibt die Frage an die gesamte Klasse weiter.
Dabei kann er mit gezielten Fragen oder Denkanstößen den Kindern helfen oder die Beantwortung als Hausaufgabe - evtl. mit Hilfe des Internets - aufgeben.

Begründung:
Je besser die Schüler zum Mitdenken angeregt werden und an der Lösung mitarbeiten, desto größer ist der Lern- und Memorieeffekt.

Lernen kann so schön sein!

Unterricht im Jahre 1987

**Das Unterrichten einer Klasse ist wie Klavierspielen.
Um harmonisch und mit Freude spielen zu können
muss man die richtigen Tasten suchen, kombinieren
und dann auf den Klang hören.**

Aber es gibt so viele Tasten auf dem Klavier.

3. Permanente Wiederholungen sind das Fundament eines jeden Unterrichtes.

Wiederholungen sind in allen Fächern wichtig, besonders aber bei Fremdsprachen und in Mathematik. Nur öfter Wiederholtes bleibt im Gedächtnis.

Viele Kollegen fühlen sich immer unter Stoffdruck und haben Angst, den Stoff nicht zu schaffen, wenn sie Themen wiederholen, bei denen sie im Unterricht Lücken festgestellt haben.

Dabei ist ihnen nicht klar, dass diese Wiederholungen sie entlasten, denn schon nach kurzer Zeit können die Schüler besser mitarbeiten und der Unterricht macht den Kindern mehr Spaß, weil sie besser mitkommen, denn das Grundwissen, welches sie zum Weiterlernen brauchen, ist dann vorhanden.

Wiederholungen habe ich deshalb immer auf Basis von Fehlerschwerpunkten gemacht, die ich in Arbeiten, bei Hausaufgaben oder im Unterricht entdeckt hatte.

Auch dürfen Schüler Wünsche äußern, was sie wiederholt haben möchten.

Tipp:
In jeder Stunde anfangs 5 Minuten Wiederholung gibt bei vollem Deputat gibt 140 Minuten pro Woche. Das macht sich bezahlt.

4. Das Lob

Loben ist ungeheuer wichtig, damit der Schüler gerne in den Unterricht kommt und um ihn besser zum Lernen zu motivieren
.

Ganz wichtig dabei ist, das Lob muss ehrlich, verdient und nachvollziehbar sein.

Der Schüler merkt sofort, wenn ein Lob übertrieben ist und zweifelt dann an der Ehrlichkeit des Lehrers.

Bei genauerem Hinsehen findet man immer etwas, was man loben und somit darauf aufbauen kann. Man muss nur lange genug suchen

Kapitel 10 Vorkommnisse mit Schülern

1. Der Streit

Um die Schuldigen bei einer Streiterei herauszufinden kann man eine ganze Schulstunde damit verschwenden, denn oft liegt der Ursprung der Streitereien Wochen zurück.

Die einzigen, die ganz genau wissen, was passiert ist und wer angefangen hat, wissen nur die beiden Akteure ganz genau.

Auch wenn Sie massenhaft Zeugen haben, eine einheitliche Aussage ist äußerst selten.
Was tun?

Tipp:
Deshalb müssen die Betroffenen miteinander reden.

Dafür bekommen sie im Gang vor dem Klassenzimmer 5 Minuten Zeit.

Entweder beide einigen sich oder einer entschuldigt sich und die beiden sind wieder Freunde, der Streit ist beigelegt.
Der Lehrer möchte dann keine Einzelheiten wissen. Er erkundigt sich nur: „Alles wieder in Ordnung?"

Meistens kommen die beiden Kontrahenten gemeinsam und teilen mit, dass jeder gleich viel Schuld hat, **denn ihnen ist schon vorher klar:**

Können die beiden sich nicht einigen, muss jeder bis zum nächsten Tag aufschreiben, was passiert ist, was zwar nicht als Strafarbeit gilt, aber eigentlich schon eine ist.

Man sollte es dann am nächsten Tag mit der Abgabe der Schilderung dabei belassen, falls nicht auf Grund der Schilderung ein Eingreifen des Lehrers bzw. von Streitschlichtern erforderlich ist.

2. Gebrauch von Schimpfwörtern

a) Der Gebrauch von Schimpfwörtern von Schüler zu Schüler

Stufe 1
Beschwert sich ein Kind, dass es beschimpft wurde, sage ich ihm:
Sag ihm/ihr: „Der Herr Dreier hat gesagt:
Was man sagt, das ist man selber, das wissen schon die dümmsten Kälber."

Meistens ist dann bei Grundschülern die Sache bereinigt.

Stufe 2
Es gibt Kinder, die schwelgen geradezu in Schimpfwörtern und können es einfach nicht lassen.
Denen wird klar gesagt:

a) Beim nächsten Schimpfwort gibt es eine Strafarbeit über das Schimpfwort, denn du musst einfach mal genügend darüber nachdenken wie sich andere Kinder fühlen, wenn du sie beschimpfst.

Andere Möglichkeiten wären:
b) Man könnte z.B. Das Gedicht „Der Sperling und die Schulhofkinder" von James Krüss auswendig lernen oder schreiben lassen.etc...

c) oder individuell:
Du hast schon wieder zu...... gesagt: „Du blöde Sau."
Ich glaube, du hast keine Ahnung von Schweinen. Das sind nämlich intelligente Tiere.

Erkundige dich im Internet und erzähle uns morgen 5 Minuten etwas über Schweine und ob die wirklich so blöde sind, wie du behauptest.

Ihrem Einfallsreichtum sind diesbezüglich keine Grenzen gesetzt.
Die Strafe sollte aber in einem Zusammenhang zur „Tat" stehen.

Stufe 3 :
Einbeziehung der Eltern in schlimmen Fällen z.B. obszöne Beschimpfungen - nach Vorankündigung:

Sie machen dem Schüler eindeutig klar, „ Das nächste Mal muss ich mit dir zusammen mit deinen Eltern darüber reden." Diese Ankündigung dann aber auch wirklich durchführen.

b) Der Gebrauch von Schimpfwörter von Lehrer zum Schüler.

Ein verantwortungsvoller Lehrer gebraucht nie Schimpfwörter

Ein Lehrer darf keine Schimpfwörter gebrauchen, denn sonst kann er sie auch nicht verbieten.
Außerdem ist dies ein Zeichen von Schwäche.

c) Der Gebrauch von Schimpfwörtern vom Schüler zum Lehrer

Gehen die Schüler gerne zu Ihnen in den Unterricht, dürften Sie eigentlich dieses Problem nicht kennen.

Aber die Zeiten ändern sich. Deshalb sollte jeder Lehrer mit so etwas rechnen.
Und glauben Sie mir:

Je inkonsequenter der Lehrer auf Schimpfwörter gegen den Schüler reagiert, desto öfter wird das in seinem Unterricht vorkommen.
Das Wichtigste dabei ist sich nicht provozieren zu lassen, was ja die Absicht des Schülers ist.

Cool bleiben heißt hier die Devise

Tipp 1:
Auf jeden Fall muss ich sofort sehr offen und sehr entschieden handeln, sonst habe ich in Zukunft in der Klasse einen schweren Stand, wenn solche Vorfälle nicht restlos bereinigt sind.

Tipp 2 :
Machen Sie sich eine Liste von Schimpfwörtern, mit denen Sie evtl. rechnen müssen
und überlegen Sie sich vorher wie sie dann reagieren wollen.

Reaktionen im Affekt verschlimmern oft die Situation und stärken dadurch das Ansehen des provozierenden Schülers in der Klasse.
Der will ja, dass Sie sich ganz gewaltig aufregen.

Folgendes muss Ihnen aber auch klar ein:
Wenn Sie mit Strafarbeiten, Eltern einbestellen, Schulverweis etc. reagieren, handeln Sie sich einen Rattenschwanz voll Ärger und viel Arbeit ein. Außerdem ist das Schimpfwort nicht wirklich aus der Welt geschafft und der Täter wird für seine „Kühnheit" immer wieder von seinen Mitschülern bewundert.

Also müsssen Sie eine elegantere Lösung suchen, wie sie im folgenden Beispiel beschrieben wird:

d) Wie verhalte ich mich bei Schimpfwörtern als Lehrer : Beispiel Arschloch

Falls ich nach einer Konfrontation mit einem Schüler weggehe und klar und deutlich: „Arschloch" höre, würde ich folgendes unternehmen:.
Ich drehe mich – l a n g s a m - um (**cool bleiben**) und könnte folgendes sagen:

Habe ich das richtig gehört, du hast gerade Arschloch gesagt?
Hast du mich damit gemeint?

In fast allen Fällen wird der Schüler zurückrudern, da ich ihn, was ja auch der Tonfall verrät,
indirekt gefragt habe, ob er Ärger haben will.
Vorsichtshaber würde ich aber dennoch, sozusagen als Präventationsmaßnahme, folgendes hinzufügen:

Denn: Wenn du mich mit Arschloch gemeint hast, dann hast du jetzt zwei Probleme.

1. Man kann doch Deinen Eltern nicht zumuten, dass ihr Kind von einem Arschloch unterrichtet wird.

2. Du kannst einem Lehrer nicht zumuten, weiterhin einen Schüler in der Klasse zu haben,
   der zu ihm Arschloch gesagt hat

Hast du mich also wirklich mit diesem Schimpfwort gemeint, musst du deine Sachen zusammenpacken,
ich bringe dich zum Rektorat, wir rufen daheim an
und du erklärst deinen Eltern, was passiert ist und dass dein Lehrer meint, man könne ihnen nicht zumuten, dass ihr Kind von einem Arschloch unterrichtet wird.
Und außerdem wirst du ihnen auch mittteilen,
man kann einem Lehrer nicht zumuten, von einem Schüler Arschloch genannt zu werden..

Deshalb wäre es besser, du gehst ab sofort in eine andere Klasse oder in eine andere Schule.

- Kleine Pause -

Oder du entschuldigst dich mit dem Versprechen, so etwas nie wieder im Unterricht auszusprechen.
Du hast 5 Minuten Zeit, darüber nachzudenken.
Entschuldigst du dich, ist die Sache erledigt, aber nur für dieses eine Mal.

Tipp:
Vielleicht sollte man aber auch darüber nachdenken, ob der Schüler mit seiner Bemerkung doch nicht ganz Unrecht hatte.

3. Das Ausrasten und Wutanfälle in der Klasse.

Das Vorgehen bei solchen Schülern sollte gemeinsam in der Klassenkonferenz und auch grundsätzlich in der GLK besprochen werden,
damit alle Lehrer, wenn dies vorkommt, gleich reagieren.

Auch mit den Eltern sollte das Vorgehen bei einer Wiederholung abgesprochen werden.

Gerade im Wiederholungsfall weiß dann jeder Lehrer,
-er kann ja auch gerade Pausenaufsicht haben und kennt das Kind überhaupt nicht,-
wie er sich verhalten muss und welche Hilfe er anfordern kann bzw. muss.

Auch in der betroffenen Klasse sollte ein Gespräch darüber stattfinden.

4. Petzen gibt es nicht.

denn das bringt zu viel Unruhe und Ärger und Streit in den Unterricht.

Im Vorfeld wird mit den Schülern ganz klar geregelt, wo Petzen aufhört und das „Sagen" beginnt.

Tipp 1 :
Immer, wenn ein Schüler gemobbt, misshandelt oder auf irgendeine Weise von einem Schüler lächerlich gemacht und ungerecht behandelt wird, handelt es sich nicht um Petzen.

sondern um das Informieren des Lehrers über jemanden, der in Not ist oder Probleme hat, die er alleine nicht lösen kann.
Dies ist dann ein Hilferuf .

Tipp 2 :
Es gibt Schüler, die wollen einem immer wieder etwas über einen anderen Schüler mitteilen.
Diese fragen Sie sofort:
  „ Hast du mir etwas Wichtiges mitzuteilen oder willst du petzen?"

5. Strafen oder Konsequenzen?

Das Wort Strafe sollte gegenüber Schülern und Eltern vermieden werden.

Entweder werden nichtgemachte Hausaufgaben nachgeholt,
oder bei Streit oder bei Tätlichkeiten wird einfach der Vorgang aufgeschrieben,
oder der Schüler sollte evtl. auch über eine Wiedergutmachung oder eine Entschuldigung etc. schriftlich nachdenken.
Wir wollen ja nicht dauernd streiten oder /und den anderen wehtun.

Je nachdem, was vorgefallen ist, muss evtl. der Schüler über ein bestimmtes Thema referieren.
Dies ist nötig zur Konfliktlösung, aber es wird möglichst nicht von Strafen gesprochen.
Diese Konsequenzen müssen aber einen direkten Zuammenhang zu dem Vorfall haben.

Die Einstellung der Schüler war immer: „ Mein Lehrer hat mir eine Strafe gegeben!"
Irgendwann ging mir auf, dass dies überhaupt nicht stimmt, denn:

Der Schüler gibt sich selber die Strafe, weil er bewusst eine Regel übertreten hat,
die den Klassenfrieden stört obwohl er genau wusste, welche Konsequenzen dies für ihn hat.

Dem Schüler wird vom Lehrer klar mitgeteilt, dass er überhaupt keine Lust hat, Strafarbeiten zu geben, weil er nur Ärger und Arbeit damit hat, denn er muss die Strafen geben, überwachen und eventuell korrigieren.

Tipp 1:

Deshalb erkläre ich dem Schüler, dass ich stinksauer bin weil er mich gezwungen hat, ihm eine Strafe bzw. Strafarbeit zu geben und ich somit nur Mehrarbeit damit habe, denn ich muss sie kontrollieren, evtl. den Eltern Bescheid geben etc.

Tipp 2 :

Es ist vom Vorteil, wenn für immer gleiche Verfehlungen, die sich häufig wiederholen,
Art und der Umfang der „Strafe" bzw., „Strafarbeit" mit den Schülern gemeinsam besprochen wurde.
Dies hat auch für die Lehrer den Vorteil, dass er sich nicht immer sofort was aus den Fingern saugen muss und auch die „Strafen" gerechter ausfallen.

Kapitel 11 Das Verhältnis zwischen Klasse und Lehrer

1. Das Echo
Ich habe mein Verhältnis zur Klasse immer so definiert:
Ihr wisst, was ein Echo ist?
Und genauso wie ein Echo funktioniert das hier bei uns im Klassenzimmer.
Ich bin Euer Echo! Und ich funktioniere wie ein Echo!
Seid ihr ruhig, bin ich auch ruhig,
Seid ihr laut, werde ich auch laut etc…………….
Das bedeutet: Ihr agiert – ich reagiere (wird natürlich genau erklärt, was das bedeutet.)

Kurz gesagt: **So wie ihr euch benehmt, so benehme ich mich auch.**

2. Das Verhältnis zwischen den Schülern und ihrem Lehrer

Die Schüler mussen Vertrauen zu ihrem Lehrer haben.
Dies geht aber nur, wenn der Lehrer berechenbar ist, die Schüler also genau wissen, woran sie mit ihrem Lehrer sind und wie dieser in bestimmten Fällen reagiert
Dieses Vertrauen wird dadurch zementiert wenn der Lehrer auch mal zugibt, dass er sich geirrt hat.

Der Lehrer muss aber auch an jeden Schüler glauben und Vertrauen zu ihm haben.
Er darf nicht den Eindruck vermitteln, dass ein Schüler ein hoffnungsloser Fall ist.
Ich habe auch noch nie einen wirklich hoffnungslosen Fall erlebt

Schulbildung und Pferdeausbildung

In der Ausbildung eines jungen Pferdes und eines jungen Menschen gibt es keine Unterschiede.

Beide brauchen viel Zuwendung,
die Entdeckung, dass Lernen Freude macht,
Selbstvertrauen durch Lernzugewinne und damit verbunden steigendes Selbstbewusstsein.
Sie brauchen klare Grenzen, müssen lernen,
vor Anforderungen nicht zu kneifen und sie brauchen viel Freiraum zur Selbstentfaltung und Selbstbestimmung der umso größer wird,
desto selbstständiger sie ihre Entscheidungen treffen können.

3. Das Verhältnis zwischen dem Lehrer und seinen Schülern

Der Lehrer muss unbedingt auf das Positive aufbauen

Er muss seine Schüler bei ihrem Leistungsstand abholen, wo sie auch wirklich sind, denn Überforderung bringt Frust und zerstört das Selbstvertrauen, was der Schüler noch hat.

Dazu gehört aber absolute Ehrlichkeit

Ist eine Arbeit danebengegangen, muss es auch so gesagt werden.
In jeder Arbeit ist etwas Positives zu finden, auch wenn man manchmal danach richtig suchen muss.

Aber der Lehrer muss auch klar jedem einzelnen Schüler sagen, was „Sache" ist, wo Probleme sind (z.B. Faulheit, Unkonzentriertheit etc.)
Beispiel 1:
„Schau dir deine Zeichnung genau an. Hier unten in der Ecke hast du angefangen.
Da sieht man genau, dass du dir Mühe gegeben hast. Und schau mal, das sieht doch richtig schön aus.
Wieso ist dann der Rest so schlecht geworden? Hast du keine Lust mehr gehabt? Du kannst es doch.
Und sage ja nicht, du kannst es nicht. Das hast du gemalt und kein anderer.
Versuche jetzt einmal das ganze Blatt so zu malen wie da unten in der Ecke.
Wir beide wissen, dass du das kannst und wenn du damit fertig bist, dann freust du dich bestimmt viel mehr darüber und bist stolz darauf."

Beispiel 2:
„Schau mal im letzten Diktat. Das war genauso schwer und du hast viel weniger Fehler gemacht.
Du hast also gezeigt, dass du es viel besser kannst."

Dieses Vorgehen ist grundsätzlich in allen Fächern wichtig.
In jedem Aufsatz findet man schön formulierte Sätze, in jedem Diktat mehrere Wörter hintereinander ohne Fehler,
in jedem Text schön geschriebene Wörter, in fast jeder Textaufgabe positive Denkansätze usw.

Man muss das Positive suchen, finden und offen legen und somit das Selbstvertrauen des Schülers stärken

Die Grundaussage ist immer: „Du weißt doch, dass du es besser kannst, wenn du......"

Man muss das Positive lang genug suchen

Kapitel 12 Störungen des Unterrichtes durch die Klasse

1. Der Geräuschpegel im Klassenzimmer.

Der Geräuschpegel im Klassenzimmer ist den jeweiligen Aufgaben angepasst.

Die Schüler müssen optimal lernen können,
ohne dass sie durch Lärm oder permanente Unruhe abgelenkt oder gestört werden.

Natürlich ist es lauter, wenn ich mit der Klasse ein Lied singe, während bei einer Klassenarbeit kein Wort gesprochen werden darf.
Dies muss alles vorher mit der Klasse vorher genau besprochen werden.

Die wichtigste Grundvoraussetzung dafür ist, **dass jeder Schüler genügend zu tun hat,**
denn die meisten Störungen entstehen durch Langeweile oder Überforderung:

Langeweile oder Überforderung reizen dazu, nicht aufzupassen und Quatsch zu machen.

Hat ein Schüler eine Arbeit beendet, kommt er automatisch zum Lehrer oder er streckt, so dass der Lehrer zu ihm kommen kann.
Dann wird genau besprochen was er als nächstes zu tun hat, ob er vielleicht Mitschülern helfen kann, ob er sich selbst beschäftigen möchte aber mit der Auflage, das so zu tun, dass niemand gestört wird.

Wie senke ich den Geräuschpegel?

Tipp 1:
Repressionsfreie Mittel
Wenn man merkt, dass die Klasse Konzentrationsschwierigkeiten hat, müde ist und eine kleine Pause braucht, muss man dementsprechend darauf reagieren.
Anstatt herumzuschreien oder Strafarbeiten zu geben ist es vernünftiger:
Abwechslung und Bewegung in den Unterricht zu bringen.

Man kann
- ein Lied singen (wo man so richtig schmettern kann z.B. Die Affen..)
oder ein Bewegungslied (die „Tante aus Marokko "usw.)
Ganz toll eignet sich auch ein Marsch wie das das „Badener Lied", aber:

Es wird gesungen, nicht geschrien!

- Man kann auch Präpositionen - auf dem Stuhl, unter dem Stuhl, neben….etc. - in der Fremdsprache üben oder:

Alle rennen in den Schulhof, drehen eine Runde und kommen zurück, alles ohne Lärm –
Dies ist aber schon eine Übung für Fortgeschrittene! –

Oder: aufstehen – sitzen - nicht sitzen - nicht aufstehen (so schnell wie möglich)
oder kurze Spiele wie: - Obstsalat - Peter ruft Paul - Coca-Cola - Ich sehe was, was du nicht siehst- Galgenspiel - Wörter erraten - etc…

Tipp 2:
Der Urschrei – eine richtige Befreiung

Die Kinder dürfen so laut wie möglich schreien.
Ich kann lauter schreien als Ihr! Wie bitte, ich höre euch fast gar nicht!
oder innerhalb eines Liedes z.B. Die Weihnachtsbäckerei:
Die Kinder fiebern richtig auf die Strophe hin, wenn es heißt: Mach die Hände rein - **Du Schwein"**
oder bei den Affen:… Die Oma schreit: Hurra

Aber Sie müssen in der Lage sein, dass sich die Klasse innerhalb 5 Sekunden wieder beruhigt.

Ist dies nicht möglich, muss die Klasse wissen, dass solche Lieder nur dann im Unterricht gesungen werden, wenn die Schüler nicht ausflippen.

Lieder und Spiele, die sich dazu eignen, gibt es in jeder Lehrerbibliothek.

Wichtig: Auch Ihnen müssen diese Spiele und Lieder Spaß machen.
           Sie müssen die Kinder mit Ihrer Begeisterung und vollem Einsatz Ihrerseits anstecken.

Rechte und Pflichten

Kinder haben nicht nur Rechte, sondern auch Pflichten.

Dies gilt natürlich auch für alle Eltern und für alle Lehrer.

Einige Lehrer und Eltern sollten aber auch einmal darüber nachdenken, dass sie nicht nur Pflichten

sondern auch Rechte haben.

Aus dem Buch: Freude am Lernen – Begeisterte Schüler – Motivierte Lehrer

2. Der Lehrer muss für Ruhe sorgen können, ohne den Unterricht zu unterbrechen.

Wenn man den Unterricht nicht unterbrechen möchte hat sich folgende Methode sehr gut bewährt

Tipp :
- Sekunden zählen:-

wenn die ganze Klasse zu laut ist, die Sekunden bis es wieder ruhig wird, mit den Fingern und Lippenbewegungen zählen,

Ist die Klasse dann ruhig, werden die Sekunden an die Tafel geschrieben.

Begründung:
   Ich habe die Aufgabe, euch zu unterrichten.
   Ihr seid aber so unruhig, dass ich nicht richtig unterrichten kann und ihr nicht konzentriert arbeiten könnt.

   Wenn ihr also während der Unterrichtszeit redet und nicht aufpasst, nehmt ihr euch ja eine Pause, in der ihr nichts lernt und ihr nehmt mir diese Zeit vom Unterricht weg.

   Aber ich bin verpflichtet, euch jeweils 45 Minuten zu unterrichten, das verlangen auch eure Eltern von mir.
   Also muss ich die fehlende Zeit des Unterrichtes, die ihr mir von der Unterrichtszeit weggenommen habt, von eurer nächsten Pause wegnehmen.
   Das ist eine faire Sache.

   Diese gezählten Sekunden werden an die Tafel geschrieben. Es sind selten mehr als 20 Sekunden pro Unterrichtsstunde.
   Am Ende der Stunde bleibt die Klasse diese Sekunden länger im Klassenzimmer.
   Bitte dies konsequent einhalten.

   Ist dieses Ritual eingeführt, dauert es meistens nur 3 Sekunden und schon geht durch die Klasse:

   „Er zählt" und sofort ist es ruhig.

Natürlich gibt es noch viele andere Möglichkeiten wie die Glocke, Klangstab, etc., was meistens aber sehr viel länger dauert.
Sehr effektiv ist auch die Trillerpfeife, aber bitte nur anwenden, wenn Ihnen sozusagen der Kragen platzt.

Kapitel 13   Das schwierige Kind

1. Dieses Kind lebt meistens nach dem Gesetz: Der Stärkere hat Recht.

Das bedeutet nicht, dass es immer der körperlich Stärkere ist,
sondern oft der mental stärkere, gewandtere etc. mit Führungseigenschaften.

Ist bei einem „schwierigen" Kind nicht der Lehrer der (mental) Stärkere,
           hat dieser mit diesem Kind permanent Probleme.

Denn es muss klare Grenzen haben und genau wissen was passiert, wenn es diese Grenzen überschreitet.
Sonst legt es selbst die Grenzen fest und die können grenzenlos werden.

Deshalb ist es gerade für diese Kinder wichtig, dass es klar definierte, schulinterne Grenzen gibt,
an die sich alle Lehrer gleichermaßen halten, festgelegt in der GLK bzw. Schulordnung.
Dies erspart viel Ärger und vergeudete Unterrichtszeit.

Ganz wichtig für diese Kinder ist außerdem eine klare, einsichtige Begründung von jeder Regel
und warum diese notwendig ist. (siehe Warum, warum???? Seite 35))

2. Der Umgang mit schwierigen Kindern.

Das Einzelgespräch.
Unangekündigte Einzelgespräche sind oft die wirkungsvollsten.
Die Schüler sind überrascht und offener, wenn sie keine vorher ausgedachte Verteidigungsstrategie haben.

Diese Einzelgespräche kann man sehr gut während der Pausenaufsicht führen, wobei die anderen Kinder wissen, dass sie nur im Notfall stören dürfen.

Wichtig bei diesen Gesprächen ist immer die absolute Ehrlichkeit des Lehrers über die schulischen Leistungen
und wie das Betragen des Schülers und auch sein Benehmen und seine Arbeitshaltung beim Lehrer ankommen.

Dabei soll der Lehrer deshalb ganz offen über seine Gefühle wie Freude und Ärger dem Kind gegenüber sprechen.

Schüler sind nicht dumm und können sich bezüglich ihrer Leistungen, ihres Benehmens und ihrer Stellung in der Klasse klar einschätzen.

Wie soll ein Schüler Vertrauen zu seinem Lehrer haben, wenn er merkt, dass dieser, egal aus welchen pädagogischen Gründen, sich nicht an die Wahrheit hält?

Angefangen wird mit einem ganz allgemein gehaltenen Gespräch über daheim, Hobbys, Geschwister etc. Dann wird Positives in der Schule fast nebenbei erwähnt und gelobt, glaubhaft, sachlich und ohne zu übertreiben.

Großes Lob bitte nur dann, wenn es wirklich gerechtfertigt ist.

Für sogenannte Motivationslügen gibt es für mich keine pädagogische Rechtfertigung.

Dann werden über die anfallenden Probleme gesprochen, **gemeinsam** Lösungsmöglichkeiten gesucht und Konsequenzen bei Nichteinhalten überegt bzw. aufgezeigt.

Dies muss aber ein Gespräch auf Augenhöhe sein,
der Schüler muss das Gefühl haben, dass er selbst und seine Vorschläge ernst genommen werden.
Ganz wichtig während des gesamten Gespräches ist:

Tipp:
Das Kind muss es spüren und Sie müssen es ihm direkt sagen: „Eigentlich mag ich dich! "
Aber so, wie du dich manchmal aufführst, fällt mir dann oft das Mögen sehr schwer.

Aber bitte spielen Sie nicht etwas vor, was nicht stimmt.
Kinder sind viel sensibler, als sie glauben. Sie merken das sofort, wenn sie zu pädagogisch sein wollen.

3. Störungen des Unterrichtes durch einzelne Kinder

Wird der Unterricht gestört, versuchen Sie so weit wie möglich mit nonverbalen Aufforderungen, bei denen der Unterricht nicht unterbrochen werden muss, diese Störungen zu unterbinden.

z.B.- anschauen und Zeigefinger bewegen (Nein)
   - Zeigefinger auf die Lippen legen
   - anschauen und Kopfschütteln etc…………………

Hilft das nichts, dann ganz kurze Sätze wie

- gelbe Karte
- noch einmal, dann.....(Konsequenz bekannt: z.B. alleine sitzen, Aufsatz: Warum... Regeln schreiben etc.)

Tipp:
Wichtig: Keine Diskussionen zulassen wie:
        Mein Nachbar hat angefangen, hat mich gestört.
        Die Kinder wissen: Das Kind, welches ich sprechen gesehen habe, das ist gemeint.
        Es muss ja den Nachbarn nicht antworten und braucht nur den Zeigefinger auf seine Lippen legen.

Falls ein Schüler aber permanent weiter stört, immer wieder anfängt, darf ein Schüler auch mal laut sagen: „Sei still."

Dies ist dann keine Petzerei, sondern Notwehr, denn der Schwätzer stört seine Mitschüler beim Lernen.
. Wenn sich das eingespielt hat, funktioniert das fantastisch.

4. In Eigenverantwortung des Schülers Unterrichtsstörungen vermeiden

Um den Schüler mehr zur Eigenverantwortung zu erziehen,
hat sich bei mir folgendes Vorgehen bewährt, bei dem er selber handeln kann:

Vorgang:
Ein Schüler muss alleine an einem separaten Tisch sitzen, weil er die anderen in der Gruppe permanent gestört hat und sie dadurch vom Lernen abhält.

Begründung:
Er hält seine Mitschüler vom Lernen ab, außerdem schadet er sich selber, denn er kann ja auch nicht lernen, wenn er dauernd stört.

Meint er aber nach einiger Zeit so weit zu sein, dass er wieder zur Gruppe zurück kann ohne zu stören darf er, ohne zu fragen, selbstständig wieder an seinen Platz gehen.

Dies ist zweimal pro Unterrichtstag möglich.
Beim dritten Mal muss er den Rest des Tages alleine an einem Tisch bleiben.
Jeder Schüler kann also für sich entscheiden, ob er weiterhin alleine sitzen möchte.

Fühlt er sich aber in der Gruppe gestört und kann nicht lernen, kann er auch **freiwillig** auf den leeren Platz gehen um konzentriert arbeiten zu können.
So wird diese Bank nicht nur als „Strafbank" eingesetzt.

Bei allen diesen Maßnahmen wird dem Schüler klargemacht, dass das „alleine sitzen" keine Strafe ist sondern ihm hilft, in Ruhe und somit besser zu lernen.

Es muss dem Schüler immer wieder klargemacht werden, dass er frei entscheidet, ob er alleine sitzen muss oder nicht. Damit stärken Sie die Eigenverantwortung des Schülers und sein Selbstbewusstsein.

Tipp:
Finden Sie für sich und Ihre Klasse auch weitere Maßnahmen, hinter denen auch Ihre Schüler stehen, weil ihnen bewusst wird, dass sie davon profitieren.

5. Das Verhalten des Lehrers bei permanenten Unterrichtsstörungen eines Schülers.

Haben Sie alle herkömmlichen Möglichkeiten bei einem Kind ohne Erfolg ausprobiert, haben Sie noch folgende Möglichkeiten.
Aufzeichnen von Unterrichtsstörungen
Bei jeder Störung zeigen Sie ganz deutlich der Klasse/ einem Schüler Ihr Handy mit Diktierfunktion oder einen Fotoapparat mit der Möglichkeit, Filmaufnahmen zu machen, der Klasse/ und deuten damit an, dass sie die Störung aufnehmen.

Bitte zuerst das Gerät zeigen und dann erst aufnehmen

Mit den Kindern wird dies alles vorher besprochen und begründet.
Allein das Zeigen des Gerätes ohne einen Kommentar wirkt eigentlich immer.
Tipp:
Man sollte dieses Vorgehen am Elternaben vorstellen und begründen.

6. Die letzte Möglicheit, die Ausgrenzung

Als letzter Schritt und mit sehr viel Fingerspitzengefühl durchzuführen.

Im Einzelgespräch erklärt man dem Schüler, dass man alles versucht hat, damit er weniger stört und mehr am Unterricht teilnimmt:
- Auflistung der Bemühungen
- und das seit längerer Zeit und ohne irgendein Erfolgsergebnis.

Als Lehrer bin ich aber verpflichtet, mich um alle Schüler zu kümmern und weil ich so viel Zeit für dich verbraucht habe, habe ich andere vernachlässigt, die im Gegensatz zu dir meine Hilfe annehmen.

Da ich nicht gerne sinnlos arbeite, kümmere ich mich jetzt nicht mehr um dich außer ich merke, dass du wieder mitarbeiten möchtest und Hilfe annimmst. Dann bin ich sofort wieder bei dir. Aber vorher nicht.

Tipp:
1. Diese Ausgrenzung muss konsequent durchgehalten werden.

2. Man muss sich vorher ganz klar sein, auf was man sich da einlässt und sich genau überlegen, wie man sich dann bei Störungen bei diesem Kind verhält,

3. denn genau dieser Schüler sucht dann besondere Aufmerksamkeit und wird deshalb höchstwahrscheinlich ganz bewusst stören.

7. Die problematische Ruhigstellung von ADHS Kindern mit Ritalin.

Man sollte sich vorher sehr genau über die negativen Auswirkungen dieses Medikamentes informieren und die Eltern darüber aufklären.

Schweiz:

Ritalin:

~~Die gefährlichste Droge der Welt !~~

Honigmann-Treffen vom 16.März 2013 in Wemding – Teil II »

21. März 2013 von **beim Honigmann zu lesen** *(Auszüge)*

Die amerikanische Drogenbehörde DEA stuft Ritalin als ebenso gefährliche Droge ein wie Heroin und Kokain. Ritalin macht ebenso stark abhängig und kann sich mit seinen Nebenwirkungen locker mit Crack messen. Mittlerweile sind weltweit Millionen von Menschen – meist Kinder und Jugendliche – Ritalin süchtig. Für den Hersteller **Novartis** ist das ein Milliardengeschäft..................

Nur weil die Droge legal ist, heisst es nicht,

dass sie weniger gefährlich ist als illegale Drogen.

8. Die Beratung bei Unterrichtsproblemen durch den Schulleiter/Fachleiter

Habe ich diese ganzen Versuche alle ausprobiert und stört ein Kind immer noch permanent, dann haben wir ja noch Vorgesetzte.
Diese sollten dann in meiner Klasse unterrichten um mir zu zeigen, wie man mit solchen Kindern umgeht,

denn mein Schulleiter/Fachleiter verlangt von mir guten Unterricht.
Also muss er mir auch zeigen können, was ich falsch mache und wie man das richtig macht.

9. Die Beratung durch den Schulrat

Klappt dies auch nicht, sollte ja zumindest der zuständige Schulrat dazu in der Lage sein zu zeigen, wie man permanent störende Schüler unterrichtet, ohne dass die Klasse darunter leidet.

10. Der letzte Ausweg zum Wohle der Klasse:
Die Unterrichtsverweigerung des Lehrers mit Hilfe der Eltern

Funktioniert dies alles nicht und sind die rechtlichen Maßnahmen ausgeschöpft, würde ich anderen die Eltern der Klasse mit ins Boot nehmen denn es sind ja ihre Kinder, die durch die permanenten Störungen des Unterrichtes durch ein oder zwei Kinder Kind leiden müssen und nicht lernen können.
Man sollte mit ihnen darüber diskutieren, wie auch sie sich dagegen wehren können, zum Wohle ihrer Kinder, denn Eltern können an die Öffentlichkeit, Lehrer nicht.

Mit diesem Argument und der Dauer der permanenten Unterrichtsunterbrechungen ,(in Form eines Unterrichtsprotokolles bzw. Tagebuch der erfolgteen Störungn)) durch die das Erreichen des Klassenzieles gefährdet ist, bekomme ich dann auch die Unterstützung der Elternvertreter bzw. der meisten Eltern einer Klasse.
Außerdem:
Wenn meine Vorgesetzten dieses Kind nicht unterrichten können, konnen diese das auch nicht von mir verlangen,

denn wir sind als Lehrer ausgebildet und nicht als Erzieher für erziehungsresistente Kinder.
Außerdem dürfen nicht permanent die restlichen Kinder in einer Klasse durch ein oder zwei Störenfriede so stark benachteiligt werden.

Es gibt ja besondere Schulen, die auf diese Kinder spezialisiert sind.

Kapitel 14   Außerunterrichtliche Tätigkeiten

1. Und das in meiner Freizeit? Ist das wirklich notwendig?

Die Antwort heißt ganz eindeutig: **Ja!**

Viele Kollegen meinen, sie müssen jetzt schon so viel arbeiten und brauchen Ihre Freizeit dringend. Zwar haben sie damit grundsätzlich recht, aber sie sind sich nicht im Klaren, welche Vorteile diese gemeinsamen Unternehmungen mit sich bringen.

 Projekte machen Lehrern und Schülern Spaß, fördern die Gemeinsamkeit und bauen Aggressionen ab.

Die Schüler können den Eltern, Freunden, Bekannten und anderen Leuten vorzeigen, was sie erarbeitet und gelernt haben
Außerdem schweißen Projekte, gemeinsame Unternehmungen und Aufführungen die Klasse zusammen. Die Kinder kommen danach besser miteinander aus und schon habe ich weniger Disziplinprobleme.

Es zahlt sich also aus.

> Der Lerneffekt ist viel größer als im herkömmlichen Unterricht denn plötzlich merken die Kinder:
> Gemeinsames Erarbeiten und Vortragen macht Spaß !

Außerdem bieten sie den Kindern im Freizeitbereich Alternativen zu Computer, Smartphone und Fernsehen.

2. Verschiedene Beispiele für außerunterrichtliche Tätigkeiten

- Unterrichtsgänge, (Feuerwehr, Supermarkt.....)
- Ins Kino, in Konzerte oder ins Theater gehen,
- Nachtwanderungen mit Gespenstergeschichten und Sterne beobachten.

Außerunterrichtliche Tätigkeiten (Fortsetzung)
- Im Krankenhaus (Kinderstation) oder in Kindergärten ein Puppentheaterstück vorführen mit selbst gebastelten Figuren und selbstgeschriebenen Text.
- Im Altersheim und Kinderkrankenhäusern Konzerte geben oder vorlesen, Spiele spielen etc
- eine Fahrradtour unternehmen.
- Vogelstimmen, Wiesenblumen, Bäume, Pilze bestimmen,
- am Bach nach Tieren suchen und den Reinlichkeitsgrad des Wassers bestimmen
- Tierheim besuchen.
- Drachen steigen lassen,
- einen Bummel durch eine Großstadt machen, Sehenswürdigkeiten bewundern, Münsterturm besteigen und die Innenstadt erkunden
- Museum erkunden, Burgen erkunden,
- Bauernhof besuchen, mit Tieren umgehen lernen, kleinen Pferdebetrieb besuchen
- oder sogar ins SC Stadion gehen in die Fankurve, wenn der SC gegen Bayern spielt und Eltern Freikarten spendiert haben etc..

SC Freiburg gegen Bayern München in Freiburg

Das alles kann ich aber nur mit einer Klasse machen, auf die ich mich hundertprozentig verlassen kann. Sonst kann ich derartige Unternehmungen nicht durchführen, es kann sonst zu leicht etwas passieren. Das müssen die Kinder wissen.

Wenn ich schon im Unterricht sehe, dass ich mich auf einen oder zwei Schülern nicht verlassen kann, dann kann ich diese Schüler auf keinen Fall mitnehmen, denn sie können andere in Lebensgefahr bringen. Dies wird im Unterricht immer wieder erwähnt.

Eltern wird dies auch an den Elternabenden und bei jeder Planung einer Veranstaltung jedes Mal aufs Neue ganz ausführlich erklärt und sie müssen sich per Unterschrift verpflichten ihr Kind abzuholen, wenn es sich selbst oder andere Kinder in der Klasse gefährdet.

Wenn den Kindern klar ist, dass dieser Passus überhaupt nicht verhandelbar ist, halten sie sich an die besprochenen Regeln.

Ganz wichtig ist es auch, dass das Kind körperlich in der Lage ist, an dem entsprechenden Projekt teilzunehmen.

3. Klassenfeste, Theater, Chor und Orchester Auftritte in Kindergärten, Kinderkliniken und in Altersheimen etc.

Derartige Aufführungen haben folgende Vorteile

- Die Kinder wissen, wofür sie lernen und der Beifall stärkt ihr Selbstbewusstsein.
- Es macht Spaß, vor vielen Leuten aufzutreten
- und sie als Lehrer und die Kinder selbst können zeigen, was sie alles gelernt haben.

Diese Vorteile wiegen den Zeitaufwand mehrfach auf.

Was die Kinder zum Beispiel in Musik für ein Konzert lernen, lernen sie das gesamte Jahr nicht im normalen Unterricht,
besonders wenn sie auch die Lieder mit Musikinstrumenten begleiten.

Sehr effektiv und leicht zu erlernen ist die Liedbegleitung mit Orffschen Instrumenten.

Tipp 1

Es gibt immer Schüler, die Instrumente spielen. Integrieren Sie diese in ihr Orchester. Lassen Sie die Begleitungen von ihrem Musiklehrer einüben. Der macht das gerne.

Tipp 2:

Was auch viel zu wenig gemacht wird: Eine Vorführung in der Sporthalle um den Eltern zu zeigen, was die Kinder im Sportunterricht gelernt haben.
Diese Aufführungen waren bei mir immer ein großer Erfolg.

Sie glauben nicht, was gerade Grundschulkinder im Bodenturnen und an den Geräten für tolle Leistungen bringen können, denn sie sind noch viel beweglicher und haben weniger Angst als die größeren Schüler, besonders beim Bodenturnen, weil da die Fallhöhe nicht so hoch ist.

Es gibt dazu ganz wunderbare Sportbücher mit ausgearbeiteten Unterrichtseinheiten.
Wichtig ist dabei, dass jedes Kind etwas bieten kann, und wenn es nur Untermann für eine Pyramide ist.

Erfolgreiche Aufführungen haben immer einen sehr positiven Einfluss
       auf die gesamte Unterrichtssituation und auf die Lernfreude der Kinder
               und sie haben dazu noch stolze und zufriedene Eltern.

Tipp 3

Bei Aufführungen muss immer alles genau geplant sein, wobei jeder Schüler für irgendetwas verantwortlich ist.
Er muss dann genau wissen, was er zu tun hat, für welches Requisit er verantwortlich ist und zu welchem Zeitpunkt er was tun muss.

Die Vorbereitungen zu jedem Programmteil gehen alle sehr schnell und nur im Flüsterton vor sich, damit die Pausen nicht zu lang werden. Dies muss oft geübt werden.

Beim Umräumen auf der Bühne vor dem Vorhang einen kleinen Sketch, einen Musikvortrag oder irgendetwas anderes, kurzes aufführen, damit die Unruhe im Saal nicht zu groß wird.
Bei größeren Rollen übernimmt ein Schüler den Souffleur.

Tipp 4 :

Hauptrollen werden von zwei Kindern komplett eingeübt, (falls ein Kind wegen Krankheit ausfällt) wobei dann bei der Aufführung jedes Kind die Hälfte der Rolle spielt.
Auch das Verbeugen sollte geübt werden.

Wichtig:
Die Kinder müssen im Voraus wissen, dass eine Aufführung nur dann stattfinden kann, wenn sie ihren Text können, denn wir wollen ja die Klasse nicht blamieren.
Die Kinder haben dies immer verstanden und akzeptiert.
Der Lehrer sollte also immer vorher auch den Text nach den Fähigkeiten und Möglichkeiten jedes einzelnen Kindes richten.
Warum das alles?

Wenn man dann am Ende von einer Aufführung den von Herzen kommenden Beifall der Gäste hört, die glücklichen und stolzen Kinder sieht, besonders beim Fordern einer Zugabe weiß man,
dass sich das alles gelohnt hat.

Und man merkt es:
Das Miteinander in der Klasse und die gegenseitige Rücksichtnahme haben sich stark verbessert, denn gemeinsame Erlebnisse verbinden.

Schulchor lieferte beeindruckende Premiere

Erstmals gemeinsamer Auftritt mit dem Männerchor – Hervorragende Werbung für den Chorgesang

Nollingen (hab) Einen außergewöhnlichen Abend des Gesangs konnten am Samstag über 300 Zuhörer in der nicht ganz gefüllten Hebelhalle erleben. Unter dem Motto „Singen wir ein Lied zusammen" traten der Männerchor und erstmals der Schulchor der Hebelschule (dritte Klassen) gemeinsam auf: eine besonders gelungene Premiere.

Daraus wurde ein mehr als unterhaltsamer Abend. Denn die herzerfrischenden Stimmen der 25 engagierten Kinder sorgten für ein ansonsten leider viel zu seltenes musikalisches Erlebnis, das zugleich die beste Werbung für den Chorgesang war. Bleibt zu hoffen, daß der Wunsch vom Vorsitzenden Rudy Grzybek umgesetzt wird und die Kooperation keine „Eintagsfliege" war. Für die gestandenen Männer (Durchschnittsalter: 60 Jahre) war das Singen mit Kindern eine Premiere. Doch auch bei ihnen war Begeisterung und Spaß zu spüren. Der Funke von den Kleinen zu den Großen sprang ebenso wie der zum Publikum. Ganz locker, ohne Lampenfieber und gekonnt, sangen sie mal zusammen mit den Männern, mal alleine. Auch wenn Lehrer Peter Dreier teilweise etwas tief stapelte – die von ihm geäußerten Sorgen ob des musikalischen Könnens seiner Schützlinge waren völlig unberechtigt: Der Schulchor war ohne Übertreibung der Höhepunkt des Abends.

In ihren Soloparts kamen sie fast ausschließlich ohne die die Männer stets begleitende Klavier (Pianist: Michael Donkel) aus. In ihren Vorträgen wollten sie die Gäste davon überzeugen, daß „Schule auch Spaß macht", wie sie selbst lautstark mitteilen. Meist im Kanon erinnerten die Kleinen auch die älteren Zuhörer an eine Zeit, in der das unverkrampfte Singen quasi ein Bestandteil des Lebens war. Ob „Es war eine Mutter, die hatte vier Kinder", „Alle Vögel sind schon da" oder der für eine Grundschule nicht gerade einfache Satz von „Das Sonnenlicht" – die acht- bis zehnjährigen Sängerinnen und Sänger meisterten ihre Aufgaben toll.

Amüsante Einlagen hatten die Kleinen auch auf Lager. So sollte Harmonie-Sänger Hans Gutmann die Schüler bei „Auf einem Baum ein Kuckuck saß" dirigieren – doch das Stück wurde in seine Einzelteile zerlegt und auf Schülergruppen verteilt. Jetzt war vom Dirigenten jeweils der Einsatz für die durcheinander stehenden Gruppen gefragt – kein leichtes, aber lustiges Unterfangen. Ebenso hat das „Affenlied", bei dem Lehrer Dreier das Publikum in große und kleine Affen aufgeteilte. Großartig auch die Zugabe: Bis die „Tante aus Marokko" auf Besuch kommen kann, muß so allerhand vorbereitet werden. Das wurde neben dem Singen auch mit Handbewegungen angezeigt – und die Liste wurde immer länger.

Der Männerchor nahm zudem ein „Offenes Singen" mit ins Programm auf. Dabei stellte sich die Sangeslust der Besucher heraus. Aus dieser Erkenntnis heraus müßten bei der „Harmonie" doch die Sänger-Nachwuchssorgen vergessen werden können. Und auch für den am Montag zu gründenden Frauenchor (20 Uhr im Probenraum der Hebelhalle) waren sicher einige geeignete Damen dabei.

Von Schülern und Publikum gesanglich alleine gelassen, präsentierte der Männerchor eine Reihe von „Golden Evergreens". Von „Wenn der weiße Flieder wieder blüht" über „Wiener Walzerklänge" und „Mein kleiner grüner Kaktus" bis hin zum neu einstudierten „Veronika, der Lenz ist da" hatte Dirigent Paul Wenzelmann eine bunte Mischung beliebter Melodien ausgewählt. Allerdings hatten die Tenöre bei hohen Tönen schon mal leichte Probleme.

Gewohnt zuverlässig präsentierte sich das Mundharmonika-Quartett (Willy Waldmaier, Jürgen Gaß, Klaus und Stephan Senger). Waldmaier begleitete auch die Aktiven bei zwei Stücken und bewies sich als Virtuose auf dem Instrument.

Die Drittklässler der Hebelschule sorgten mit temperamentvollen Auftritten für einen überaus gelungenen Abend, der auch eine hervorragende Werbung für den Chorgesang darstellte. Foto: Harald Braitsch

4. Die Planung einer Radtour

Falls die Fahrradprüfung von der Polizei noch nicht abgenommen wurde, muss der Lehrer mit den Kindern Folgendes üben:
- Sicherheitsabstand und Vollbremsung üben
- Sicherheitsabstand (Asphalt 1 Radlänge, Sand 2 Radlängen)
- Vollbremsung auf Asphalt und auf Sand üben, denn Räder dürfen auf Sand nicht blockieren und Geschicklichkeitsparcours aufbauen.

Den Eltern muss klargemacht werden, dass allein der Lehrer entscheidet,
wen er auf dem Fahrrad mitnehmen kann, denn er muss die volle Verantwortung tragen.

Sicherheit:
- Das Fahrrad muss voll funktionstüchtig sein. Das müssen Sie kontrollieren.

Wenn ein Unfall passiert oder eine Fahrradpanne, die nicht zu reparieren ist, sollte immer ein Elternteil zur Verfügung stehen, welches das Fahrrad abtransportieren und den Schüler mitnehmen kann.

5. Der Ausschluss von Schülern wegen zu großer Gefahr für die Mitschüler.

Dies wird ganz ausführlich im Unterricht besprochen und auf die Gefahren, die passieren können, wenn Schüler nicht gehorchen und Unsinn machen, hingewiesen.

Tipp:

Sagen Sie nie den Eltern dass Sie ihr Kind deshalb nicht mitnehmen können,
weil es dauernd Unsinn macht und nicht gehorcht,

sondern weil die Gefahr zu groß ist, dass es sich selbst oder andere sogar schwer verletzen kann und Sie deshalb nicht die Verantwortung gegenüber den Eltern dieses Kindes sowie der gesamten Klasse übernehmen können.

Beispiel für so eine Gefahr:

Bei der Besichtigung einer Stadt hört ein Schüler nicht auf den Lehrer und macht immer wieder Blödsinn.
Dabei schubst er seinen Mitschüler, der neben ihm geht so unglücklich, dass dieser stolpert, auf die Straße fällt, von der Straßenbahn oder von einem Auto überfahren und tödlich verletzt wird.
Dieses Risiko kann ich als verantwortungsvoller Lehrer nicht übernehmen, das ist viel zu groß

Die Eltern der beiden betroffenen Kinder und ich als Lehrer wären unseres Lebens nicht mehr froh.

Kapitel 15   Das Schullandheim

Die für den Zusammenhalt der Klasse wichtigste Veranstaltung ist das Schullandheim. Zwar hat man 3-5 Tage einen Fulltimejob, aber auf Grund der vielen gemeinsamen Erlebnisse verbessert sich der Zusammenhalt in der Klasse wesentlich.

Im Klassenzimmer gibt es danach weniger Streitereien, mehr Miteinander, mehr Rücksichtnahme, was auch für den Lehrer einiges an Erleichterung mit sich bringt und zwar für eine lange Zeit.

1. Organisation

Die Durchführung eines Schullandheimaufenthaltes sollte den Eltern über ein Jahr vorher bekannt gegeben werden.

1. Dann haben die Eltern genügend Zeit, das Geld aufzubringen, weil sie jeden Monat nur circa 15 bis 20 € sparen müssen, bei drei Tagen noch weniger.

2. Außerdem kann durch gemeinsame Veranstaltungen der Klasse wie: Weihnachtsverkauf, Kuchenverkauf, oder gesundes Essen in der Pause etc...Geld eingenommen werden, damit der Aufenthalt nicht zu teuer wird.

> Das Schullandheim sollte am Ende der dritten Klasse durchgeführt werden und nicht erst, wie meistens gehandhabt, am Beginn bzw. Ende der vierten Klasse, damit die Kinder noch mindestens ein Jahr davon profitieren.

2. Die Aufsicht

Egal, ob man mit dem Fahrrad oder zu Fuß unterwegs ist, es sollten immer ein oder zwei Eltern in Bereitschaft sein, falls es einem Kind schlecht wird oder es sich verletzt hat, damit es abgeholt werden kann.
Sind Sie mit dem Fahrrad unterwegs, sollten für je 10 Schüler mindestens eine Begleitperson zur Verfügung stehen.

Im Schullandheim selber sollten eine männliche und eine weibliche Person permanent zugegen sein, also auch dort übernachten

Den Schülern muss es ganz klar sein, wenn sie sich oder andere in Gefahr bringen, müssen sie von den Eltern abgeholt werden.

Dies müssen die Eltern schriftlich bestätigen.

3. Der Ordnungsdienst.

Der Lehrer sollte im Voraus einen Plan machen, welche Kinder wann den Küchendienst machen müssen
und wer für Ordnung im Aufenthaltsraum sorgen.

Tipp:
Hängen Sie am Vorabend einen detaillierten Tagesplan aus mit Uhrzeit,
damit die Kinder genau wissen, was wir alles unternehmen und was sie für einen Tagesauflug im Rucksack mitnehmen müssen.

4. Wichtige Unterlagen für einen Schullandheimaufenthalt: Elternbriefe

**Informationen zum Schullandheimaufenthalt vom…………………… bis………………
in der Jugendherberge …………………..**

Liebe Eltern!
Nachdem Sie Ihre Zustimmung zum Schullandheimaufenthalt gegeben haben,
möchte ich sie genauer über die Durchführung informieren.

Falls etwas vergessen wurde oder sie mit einem Punkt nicht einverstanden sind, geben Sie mir bitte Bescheid.

1. **Anreise zur Jugendherberge**
   Wir treffen uns am …………… um 9:00 Uhr mit den Fahrrädern vor der Schule.
   Folgende Eltern begleiten uns:…………………………………………………………….
   Die Fahrräder müssen in verkehrssicheren Zustand sein.
   Bei kaltem und regnerischem Wetter fahren wir mit dem Zug.
   Herr/Frau………………………………. ist unser Ansprechpartner für Notfälle,
   bis wir am Schullandheim angekommen sind

2. **Heimreise:** Wir werden am Freitag, den……………… gegen 14:00 Uhr zurück sein

3. **Versicherung**
   Alle Kinder müssen eine Schülerzusatzversicherung (… Euro) abgeschlossen haben.

4. Die Kinder nehmen auf ihrem Fahrrad nur das für die Fahrt zur Jugendherberge
   benötigte Gepäck mit. Für den Anreisetag brauchen Sie lediglich einen kleinen Rucksack
   mit Marschverpflegung und dem Wetter entsprechender Kleidung.
   Bitte keine Taschen oder Plastiktüten mitnehmen.

   Das restliche Gepäck wird mit dem PKW am Montag von……………………………….
   und am Freitag von………………………………. transportiert.
   Es sollte bis spätestens 17:00 Uhr abgegeben werden.
   Das große Gepäck kann schon am Freitag in der Schule abgegeben werden.

5. **Verpflegung/Kleidung siehe Packliste**

6. **Spielsachen.**
   Wenn möglich, sollte jedes Kind sein Lieblingsspiel, Lieblingsbuch sowie ein Kuscheltier gegen das Heimweh mitnehmen.

7. **Heimweh**
   Einmal kann jedes Kind von den Eltern abgeholt werden und daheim übernachten.

8. **Unterricht**
   Jeden Abend werden wir uns 1 Stunde zusammensetzen, um die Erlebnisse des Tages aufzuschreiben. Deshalb sollte jedes Kind ein kariertes Heft so wie Schere, Buntstifte, Radiergummi und Schreibzeug mitbringen

9. **Feststehende Messer /Taschenlampe**
   Feststehende Messer und Springmesser dürfen nicht mitgenommen werden. Taschenlampe nicht vergessen.

10. **Medikamente**
    Jedes Kind sollte etwas Pflaster dabei haben.
    Muss ihr Kind ein Medikament einnehmen oder ist es allergisch gegen irgendetwas, informieren Sie mich bitte schriftlich mit genauen Anweisungen.

11. **Kosten**
    Sie belaufen sich einschließlich Eintritte, Fahrgeld etc. auf circa........... Euro.
    Diesen Betrag überweisen Sie bitte auf mein Konto............................ bei der......

    Bettwäsche braucht keine mitgebracht zu werden.

12. **Taschengeld**
    Wie am Elternabend besprochen, hat ihr Kind ………….€ Taschengeld bei sich.
    Kinder, die mehr Taschengeld dabei haben,
    müssen es beim Lehrer in Verwahrung geben.

13. **Ordnung**
    In der Jugendherberge müssen die Kinder ihr Bett beziehen, Geschirr abtrocknen und ihr Zimmer in Ordnung halten.
    Etwas Übung daheim würde es Ihrem Kind erleichtern.

14. **Besuche und Anrufe**
    Rufen Sie selbst nur in dringenden Fällen an.
    Sehen Sie bitte von einem Besuch ab, wenn sie zufällig in der Nähe sind.
    Dies ist nur ein Heimwehverstärker und nicht besuchte Kinder leiden darunter.

15. **Disziplin**
    Bei wiederholten Verstößen gegen Anweisungen des Lehrers muss dieses Kind
    von seinen Eltern abgeholt werden,
    zum Schutz des Kindes und der Mitschüler, da sonst die Risiken für die Klasse,
    besonders in der Stadt und beim Radfahren, zu groß sind.

16. **Krankheit**
    Bei Krankheit werden natürlich sofort die Eltern verständigt.

Nun wünsche ich noch allen Kindern einen erlebnisreichen Aufenthalt.

Auch bedanke ich mich im Voraus für die tatkräftige Mithilfe der Eltern, die Begleitung, Transport und Notstation übernehmen,

denn ohne ihre Mitwirkung wäre dieser Schullandheimaufenthalt nicht durchführbar.

                                                 Mit freundlichem Gruß

5. Packliste

P a c k l i s t e (wie am Elternabend besprochen)

1. Verpflegung
für den ersten Tag (Mittagessen)
Belegte Brote, Obst und etwas zum Grillen mitgeben.
Im Schullandheim gibt es abends ein warmes Essen.
Gegen den Durst sind am besten Obst und Tee geeignet.
. Bitte keine Getränke in Wegwerfflaschen, Büchsen oder Tetrapackungen mitgeben (Umweltverschmutzung). Außerdem verursachen diese Getränke mehr Durst

2. Bekleidung
a) Gutes Schuhwerk (es genügen auch feste Turnschuhe)
und einen kleinen Rucksack für Tagesausflüge.
Plastikflaschen oder eine Thermosflaschen für Getränke.
Bitte keine Taschen oder Plastiktüten mitnehmen, sie sind zu schwer zum Tragen
b) .Packen Sie Ihren Kindern nicht zu viele Kleider ein
Denken Sie daran, dass wir nur ..... Tage weg sind und nicht drei Monate.
Für alle Fälle eine warme Garnitur mitgeben.
c) Badesachen und Handtücher nicht vergessen,
ebenso Sonnenschutz und einen Kopfschutz (Mütze) gegen die Sonne.

3. Kuscheltiere nicht vergessen!

4. Bettzeug ist vorhanden, aber Zahnpasta, Zahnbürste und Waschlappen einpacken.

5. Medikamente
Pflaster und eventuell andere Medikamente (zum Beispiel gegen Allergien) einpacken.

6. Spiele
Ein Lieblingsspiel für den Abend und ein Buch zum Lesen ,
evtl. Tischtennisschläger, Fußball etc. mitnehmen.

7. Tagebuch mit Schreibzeug-Radiergummi-Klebstoff-Buntstifte-Schere-Lineal
(keinen Filzschreiber)

und natürlich viel gute Laune mitbringen!

6. R e g e l n für den Schullandheimaufenthalt.

1. Wenn die Eltern, die uns begleiten oder die Herbergseltern etwas anordnen gilt das genauso, als wenn es der Lehrer (Namen angeben) angeordnet hätte.

2. Bei Ausflügen sind wir immer in **Sichtweite** von Herrn/Frau............................
Der Weg darf nur mit Genehmigung der Begleitperson verlassen werden.

3. Die Zimmer sind **immer** vor dem gemeinsamen Ausgehen aufgeräumt.
Es werden Punkte vergeben. (Wanderpokal) Kontrolle durch Herrn/Frau................
   Die beste Gruppe bekommt eine Belohnung.

4. Die Ordnungsgruppe wechselt bei jeder Mahlzeit. Sie hat folgende Aufgaben:
**den Tisch decken,
für Getränke sorgen, wenn nötig,
Tisch abräumen und putzen
und in der Küche helfen (abtrocknen, Abfalleimer leeren etc.).**

5. Das Essen beginnen wir gemeinsam und beenden es gemeinsam.
Wir essen anständig mit Messer und Gabel.
Während dem Essen bleiben wir am Platz sitzen. Es wird nicht getobt und nicht geschrien.

6. Abfall werfen wir nur in den Abfalleimer.

7. Morgens nach dem Aufstehen werden:
   - **Gesicht und Hände gewaschen und die Zähne geputzt,**
   - **das Waschbecken gereinigt,**
   - **die Betten gemacht und die Zimmer aufgeräumt und gefegt.**

8. Wenn Herr/Frau .. ..Gute Nacht gesagt hat, wird das Licht gelöscht.

9. Mit fremden Möbeln, Geschirr und Gegenständen gehen wir noch sorgfältiger um, als wenn sie uns selbst gehören würden.

**Regeln sind manchmal lästig und unangenehm.
Überlege dir einmal bei jeder Regel, warum sie aufgestellt wurde!**

7. Erlaubnis

Erlaubnis / Einverständniserklärung

Wir geben hiermit die Erlaubnis, dass unser Kind............................
am Schullandheimaufenthalt zum Schuljahresende in der Jugendherberge Lörrach teilnehmen darf.

Wir haben die 13 Punkte des Informationsblattes, die Packliste und die Regeln für den Schullandheimaufenthalt gelesen und erklären uns damit einverstanden.

Den Betrag von.................... überweisen wir bis spätestens..................
auf das Konto....................... bei der..

....
(Unterschrift des gesetzlichen Vertreters)

Einverständniserklärung -   nicht einverstanden

Unser Kind darf nicht am Schullandheimaufenthalt teilnehmen.

Ich bin informiert, dass es während dieser Zeit am Unterricht der Parallelklasse teilnehmen muss. (Schulpflicht)

....
(Unterschrift **beider** Elternteile)

8. Ein Programmbeispiel der Durchführung eines Schullandheimaufenthaltes für Klasse 3:
Montag:
Die 25 km lange Fahrradtour wird immer nach circa einer Stunde wie folgt unterbrochen:
11:00 Uhr Abfahrt mit den Fahrrädern.
12:00 Uhr Eis in der Eisdiele (zwei Euro für jeden Schüler aus der Klassenkasse).
13.00 Uhr Grillen auf dem Waldspielplatz, spielen am Bach und Versteckspiele.
14.15 Uhr Baden am Naturteich mit Floß. (Piratenspiele)
15.30 Uhr Spiele auf dem Abenteuerspielplatz der Landesgartenausstellung.
16.15 Uhr Fahrt zur Jugendherberge über die Schweizer Grenze.
        Überqueren einer Bundesstraße mit Absperrung durch die Eltern.
17.30Uhr Ankunft in der Jugendherberge nach steilen Anstieg.
        Abladen des Gepäcks - Stellen der Fahrräder in den Fahrradkeller,-
        Beziehen der Betten - Einteilen der Ordnungsgruppen.
18:30 Uhr Abendessen.
19.15 Uhr Schreiben des Tagebuches - anschließend Freizeit bis 21:45 Uhr.
22.00 Uhr Wie sieht eine Hexe aus? Hexengeschichten bei Kerzenschein.

Dienstag: (ohne Zeiteinteilung)
- Frühstücken um 8:00 Uhr, vorher abholen des Essens und Decken des Tisches durch die Ordnungsgruppe,
  schmieren der Brote für den Tagesausflug und Mitnahme von Tee.
- Laufen zur Grenze, dann mit der Tram bis zum Rhein,
- überqueren des Rheines mit einer Fähre ohne Motor.
- Besuch des Naturkundemuseums: Schwerpunkt Dino Ausstellung und Tiere der Heimat
- Mittagessen auf dem Münsterplatz.
- Dann die angekündigte Mutprobe: Besteigung des Münsterturmes - aber freiwillig.
- Wieder zurück zum Rhein, Überfahrt mit der Fähre.
- Auf einer Bank sehen wir eine alte Frau, die eingeschlafen war
  und genauso angezogen ist wie es in dem Buch von Roald Dahl „Wenn Hexen hexen",
  das wir gerade lesen, beschrieben ist.
  Ich zähle sofort nach, ob noch alle Kinder vorhanden sind und keines weggehext ist.
  Ein Kind fehlt. Alle sind erstarrt.
  Beim zweiten Nachzählen welch ein Glück: Es sind doch alle da.
  Ganz schnell, still und leise suchen wir das Weite.

Programmbeispiel eines Aufenthalts in Lörrach
- Zurück mit der Tram in die Jugendherberge-Abendessen-Tagebuch schreiben-Spiele
- um 22.00 Uhr, bei Dunkelheit Nachtwanderung
  und Gespenstergeschichten am Lagerfeuer bis 24.00 Uhr
  Unterwegs hören und analysieren wir Geräusche im Wald.
  Frage: Wo ist es gefährlicher, im Wald oder in der Großstadt?
  Und dann besucht uns noch ein Gespenst, mitten im Wald.

  Todmüde fallen alle ins Bett - niemand will mehr flüstern.

Tipp:
Bewegung macht müde. Je müder die Kinder, desto länger haben Sie Nachtruhe.

Mittwoch (Kurzfassung)
  Wir laufen auf einem Waldlehrpfad nach Lörrach.
- Besuch in der Fußgängerzone, die Kinder haben 1 Stunde Zeit für einen Kaufhausbummel.
- Anschließend Gang ins Schwimmbad. Ausruhen bis 18:00 Uhr. Heimfahrt mit dem Bus.
- Nach dem Abendessen freies Spielen.
- Vorlesen von: „Wenn Hexen hexen"

Donnerstag
- Fahrt nach Basel - Besuch des Papiermuseums (wir stellen selbst Papier her)-
  Danach laufen wir durch die Fußgängerzone in Basel, hören peruanischen Musikern zu
  und bestaunen einen Jongleur.
- Anschließend besichtigen wir das toll bemalte Basler Rathaus,
  später das Spielzeug- und Puppenstubenmuseum.
  Fahrt mit der Tram - Marsch von der Grenze in die Jugendherberge – Abendessen-
  Tagebuch-
- um 22:00 Uhr Hexengeschichten bei Kerzenschimmer.

Freitag: Siehe Montag - nur rückwärts

So macht Schule Spaß!

9. Ist denn nicht heute die Gefahr, dass bei außerschulischen Veranstaltungen etwas passiert, viel zu groß?

Natürlich sind bei außerschulischen Veranstaltungen die Gefahren, dass Schüler sich verletzen, größer als im normalen Schulbetrieb. Deshalb:

Keine außerschulische Veranstaltung ohne klare Verhaltensanweisungen, also mit klar definierten Regeln,
verbunden mit einem Klassenbucheintrag über diesbezügliche Belehrungen.

Regeln waren mir eigentlich immer ein Gräuel, bis ich eine Schulrechtsveranstaltung besucht hatte, bei der außerunterrichtliche Veranstaltungen und Schullandheimaufenthalte besprochen wurden.

Dort erfuhr ich, dass ich diese Regeln gerade bei Unfällen für meine Absicherung brauche.
Ich stellte dann mit den Kindern Regeln auf für Schullandheimaufenthalte, Wandertage, Exkursionen und sonstige Unterrichtsgänge.
Die wichtigste Regel bei Unterrichtsgängen etc. war immer:

Tipp:
Jeder Schüler muss sich in Sichtweite des Lehrers befinden.

Diese wurden gemeinsam in der Klasse erarbeitet.
Hätten wir uns an alle von den Kindern vorgeschlagenen Regeln gehalten, hätten wir damit den Direktor eines Hochsicherheitstraktes glücklich gemacht.

Es hat sich auf jeden Fall gezeigt, dass ich auf Grund dieser Regeln mit den Schülern unbesorgt viele Unterrichtsgänge machen, Veranstaltungen besuchen und Konzerte aufführen konnte, bei denen die Kinder viel Spaß und viel Freiraum hatten.

Deshalb musste ich auch während meiner Tätigkeit als Lehrer kein einziges Mal Eltern darum bitten, Ihr Kind wegen Ungehorsam abzuholen.

Voraussetzung aber dafür war immer, dass die Kinder genau wussten, dass,

wenn ich etwas mit den Worten ankündige: Das nächste Mal....... passiert das und das, dass ich dies auch immer konsequent durchführte.

Dies ist aber natürlich nur dann möglich, wenn ich genau weiß, dass ich diese Ankündigung auch wirklich durchführen kann.

Beispiel:
Ich war Lehrer in Schopfheim und war mit einer Klasse in Freiburg, um ein Bundesligaspiel gegen Bayern München anzuschauen, für das wir von Eltern Freikarten bekommen hatten.

Da das Spiel erst gegen 15:00 Uhr begann, waren wir vorher noch bei herrlichen Wetter im Strandbad, welches sich direkt neben dem SC Stadion befindet.

In meiner Klasse war ein ganz cleveres Bürschchen.
Der dachte sich, Schopfheim ist weit entfernt, heimschicken kann er mich nicht und zum Fußballspiel muss er mich mitnehmen, denn er kann mich ja nirgendwo alleine lassen.

Im Schwimmbad folgte er nicht der Anweisung, nur auf dem Fußballfeld Fußball zu spielen.
Ich erklärte ihm, wenn ich ihn noch einmal beim Fußballspielen auf der Liegewiese erwische, darf er nicht mit ins Stadion.
Er spielte hinter meinem Rücken weiter und ich erwischte ihn dabei.
.
Was er aber nicht wusste: Mein Vater wohnte genau gegenüber dem Haupteingang des SC Stadions und dort lieferte ich ihn vor dem Spiel ab.

Ich konnte also meine Ankündigung durchführen. Das sprach sich bei den Schülern herum.

Der SC gewann damals 2:1 und noch wochenlang war dieses Spiel in der Klasse Gesprächsthema Nr. 1

Sehr wichtiger Tipp Für Ausflüge jeglicher Art:
Bitte tragen Sie immer ins Klassenbuch, dass die Kinder belehrt wurden, wie sie sich unterwegs verhalten müssen.

Besonders wichtig ist dies beim Besuch des Schwimmbades.

Kapitel 16   Die Eltern

1. Probleme mit den Eltern.

Eltern sind viel besser als ihr Ruf!
Gehen die Kinder gerne zur Schule beziehungsweise zu Ihnen in die Klasse, haben Sie auch so gut wie keine Probleme mit den Eltern.
Ganz wichtig dabei ist auch, dass Sie dafür sorgen, dass eventuelle Probleme gleich am Anfang besprochen und somit im Keim erstickt werden.

Tipp:
Wehret den Anfängen!

Wenn Sie merken, dass sich ein Kind verändert hat und die Leistungen und die Mitarbeit aus irgendeinem Grunde, den Sie nicht wissen, schlechter werden, muss sofort ein Gespräch mit den Eltern stattfinden. Vielleicht gab es einen Todesfall, ein Unglück, Trennung der Eltern, Krankheitsfall etc.
Dabei muss das veränderte Verhalten des Kindes im Unterricht und zwar sehr behutsam besprochen werden.

Gerade bei den „Problemkindern" sollte so früh wie möglich nachgefragt werden und Verhaltensauffälligkeiten besprochen werden.

Bei Gesprächen mit Eltern aber bitte folgendes beachten:

Man sollte nicht die Eltern anklagen, sondern sie in die Verantwortung nehmen.

Die Eltern müssen also unbedingt mit eingebunden und auf diese Art indirekt über das Verhalten Ihres Kindes im Unterricht informiert werden.
Je früher dies passiert, desto lösbarer bleiben die Probleme und desto weniger Ärger und Zeitaufwand haben Sie.

Und gemeinsam müssen Lösungen gefunden werden, wie man dem Kind zu Hause und in der Schule helfen kann.

2. Gespräche über schlechte Zeugnisnoten oder Beurteilungen

Bei schlechten Noten müssen die Eltern so früh wie möglich darüber informiert werden, bei guten machen das die Kinder ganz alleine.

3. Ein ganz wichtiges Mittel für eine gute Zusammenarbeit : Der Elternstammtisch

Eine ganz wichtige Einrichtung zur Vermeidung von Problemen ist der Elternstammtisch.
(Ort und Häufigkeit bestimmen die Eltern)
Ein idealeres Mittel, um Probleme auch schon im Vorfeld zulösen, gibt es nicht.

Tipp:
Kritik um der Kritik willen ist unproduktiv und wird deswegen von Ihnen nicht akzeptiert.
Verlangen Sie von den Eltern konstruktive Kritik, also Kritik mit Lösungsvorschlägen.

Außerdem kann man die Eltern sensibilisieren und über die Probleme unterrichten, welche die Schule insgesamt betreffen. (z.B. zu viele Krankheitsvertretungen, fehlende Räumlichkeiten, erziehungsresistente Kinder, die permanent den Unterricht stören, so dass der Lehrer nicht normal unterrichten kann etc……
Dazu noch einige Tipps weitergeben, wie sich vielleicht auch Eltern wehren können.

Im Anschluss bzw. während des Stammtisches können Sie dann noch Einzelgespräche anbieten, wenn einzelne Eltern dies möchten.

4. Unterrichtsbesuche von Eltern helfen, Probleme besser zu verstehen

Leider wissen die heutigen Eltern viel zu wenig, was im Unterricht so alles vor sich geht beziehungsweise vor sich gehen kann.

Die Eltern, die gerade bei außerunterrichtlichen Veranstaltungen mithelfen, beklagen sich viel weniger als die Eltern, die sich im Abseits halten und sie verstehen auch um einiges mehr, wie schwierig die Arbeit des Lehrers sein kann.

5. Einladen von „kritischen" Eltern zum Unterrichtsbesuch.

Haben Sie Eltern, die glauben besser zu wissen, wie man Schüler unterrichtet und erzieht, laden Sie diese doch zu einem Unterrichtsbesuch ein.
Aber laden sie höchstens zwei Eltern mit der Bitte ein, sich während des Unterrichts nicht zu unterhalten.
Die Stunde geben Sie vor und dann müssen Sie natürlich wissen, was Sie den Eltern bieten wollen.

Tipp:
Wollen Sie den Eltern zeigen, wie gut sie die Klasse im Griff haben, müssen Sie natürlich ein dementsprechendes Thema aussuchen, was den Schülern Spaß macht und wo sie voll dabei sind.

Wollen Sie den Eltern zeigen wie unruhig diese Klasse ist, dann lassen Sie den Kindern mehr Spielraum. Diese nutzen das sofort aus.
Dazu eignet sich jedes Fach, bei gewollter Unruhe bietet sich natürlich der Sportunterricht besonders gut an.

Tipp:
Manchmal muss man auch in die Trickkiste greifen.
Vielleicht müssen Sie ganz kurz zu einem wichtigen Telefongespräch ins Rektorat
und bitten deshalb die Eltern, mal 5 Minuten selbst aufzupassen, sie wären ja sofort wieder da.
Die Schüler versuchen natürlich sofort, die Situation auszunützen, weil der Lehrer nicht da ist.
Und das verläuft für diese Eltern selten problemlos.

Anschließend können Sie mit diesen Eltern viel besser diskutieren und Problemlösungen finden
Sie glauben nicht, wie viel offener anschließend diese Eltern Argumenten des Lehrers gegenüber sind.

6. Eltern beklagen sich bei Vorgesetzten, ohne vorher mit dem Lehrer gesprochen zu haben.

Eines der Probleme mit Eltern liegt oft darin, dass einige ohne Rücksprache mit dem Lehrer Erzählungen der Kinder kritiklos übernehmen und damit zum Schulleiter oder sogar zu Schulamt gehen,
ohne dass mit dem Lehrer vorher darüber gesprochen wurde.

Eigentlich müssten Schulleitung oder Schulamt nachfragen, ob das Problem schon mit dem Klassenlehrer besprochen wurde auch den Lehrer um Aufklärung bitten, wie er den Sachverhalt sieht. Leider ist dies nicht immer der Fall.

Tipp:
Werden Sie wegen einer Elternbeschwerde zum Schulleiter oder Schulamt zitiert, ohne mit den betroffenen Eltern gesprochen zu haben, lehnen sie ein gemeinsames Gespräch mit Einbeziehung der Vorgesetzten ab.

Die Eltern sollen erst mit Ihnen reden, denn sonst wird dieses Vorgehen immer wieder praktiziert.

Sehr oft stellen sich Schulleiter und das Schulamt hinter die Eltern, bevor der Sachverhalt richtig geklärt ist. Es zeigte sich aber fast immer, dass es Missverständnisse waren oder die Eltern waren ungenau oder sogar **falsch informiert.**
Gibt es im direkten Gespräch mit den Eltern keine Einigung, haben wir zuerst die Elternvertreter oder, wenn ich Fachlehrer bin, den Klassenlehrer, dann erst den Schulleiter

und dann ganz hinterm Horizont das Staatliche Schulamt als Vermittler, aber nur in dieser Reihenfolge.

Angeraumte Elterngespräche wegen Problemen in der Schule
Tipp :
sollten fast immer im Beisein des Schülers stattfinden.

Nur wenn offen und ehrlich die Probleme aufgelistet werden, kann man sie lösen.
Außerdem kann sich das Kind gegen ungerechtfertigte Verdächtigungen wehren und man kann mit ihm gemeinsame Lösungen finden.

Der Schüler muss also immer mindestens teilweise mit einbezogen werden und muss selbst Lösungen vorbringen dürfen.

7. Eltern und Schüler haben eine Bringschuld.

Was kostet ein Schüler an Steuergeldern?

Leider wird die Schule von vielen Schülern und auch von Eltern nur als lästiges Übel gesehen, das man permanent kritisieren kann und von dem man immer mehr fordern kann, ohne Gegenleistungen zu bringen.
Man ist sich eigentlich gar nicht klar, wie wieviel ein Schülerplatz pro Jahr kostet
und dass sozusagen jeder Schüler einschließlich seiner Eltern eine Art Bringschuld hat,
worüber im Unterricht immer wieder gesprochen werden muss.

Die Gemeinde hat Unkosten, das Land überweist für jeden Schüler einen Betrag und die Lehrergehälter kommen da noch dazu.
Wenn man dies alles zusammengezählt und dividiert durch die Anzahl der Schüler, kommt eine nicht unerhebliche Summe pro Schüler heraus.
Und mit dieser Zahl sollten Schüler und Eltern, wenn erforderlich, öfters konfrontiert werden.

Schwimmunterricht

Kindern soll man das Schwimmen beibringen, aber nicht nur in Schwimmbädern,

sondern auch in Seen und Flüssen

und nicht in eine Taucherglocke sperren, aus der sie sich nicht befreien können.

Kapitel 17 Inklusion – Befragung/Persönliche Stellungnahme

Zum Thema Inklusion habe ich insgesamt ca 1200 Grundschullehrer befragt **(siehe Seite 138)** und zwar
a) direkt vor Ort
b) per Fragebogen, die man von meiner Website herunterladen konnte
c) und durch eine Internetbefragung, für die ich unterwegs Werbung machte.
   Die Auswertung – die den Rahmen dieses Buches sprengen würde – finden Sie in meinem Buch
   Peter Dreier   **Baustelle -Schule! Probleme im Schulalltag"**

Diese Befragung geschah mit Kenntnis des Kultusministeriums, man wünschte mir schriftlich viel Glück, aber eine Antwort auf meine Ergebnisse, welche ich weitergeleitet habe, steht bis heute aus.

Hauptsächlicher Kritikpunkt der Lehrer war die bei weitem nicht ausreichende Rahmenbedingungen bei Inklusionsklassen, wie zu viele Schüler in den Klassen, zu wenig Räumlichkeiten, das Fehlen der zusätzlichen, versprochenen Lehrkräfte, Psychologen, Sozialarbeiter etc.......und die fehlenden zusätzlichen Möglichkeiten zur Differenzierung
Und wenn es wirklich zusätzliche Lehrer gab, verschwanden diese oft nach kurzer Zeit als Krankheitsvertretungen oder wurden ganz abgezogen.

Der VBE, der mich während meiner Befragung logistisch und werbewirksam unterstützte, führte auf Grund meiner Ergebnisse eine ähnliche Befragung durch und kam auf fast die gleichen Ergebnisse.

Inklusion ja oder nein

Inklusionsklassen sind eine wunderbare Angelegenheit,
wenn jeder Schüler dort abgeholt werden kann, wo er sich mit seinen Kenntnissen und Möglichkeiten befindet, ohne dass er überfordert oder unterfordert wird.

und genügend Lehrkräfte und Hilfspersonal dafür zur Verfügung stehen.
Diese dürfen auch nicht überfordert werden und müssen genügend Zeit haben, um sich ausreichend um jeden einzelnen Schüler kümmern zu können.
Lehrern und Schülern muss der Unterricht Freude machen.
Aber die Inklusionsbreite darf dabei nicht zu groß sein.

Leider kenne ich keine flächendeckende Befragung von Inklusionsklassen..

Was auch fehlt, ist eine Befragung der betroffenen Schüler aus Inklusionsklassen.

Meine persönliche Stellungnahme zur grenzenlosen Inklusion.

Auf Grund meiner persönlichen Erfahrungen als Schüler einer Inklusionsklasse sehe ich für diese Art von Inklusion, wie sie in viel zu vielen Klassen auf Grund fehlender Rahmenbedingungen und der fehlenden Ausbildung der Lehrer gehandhabt wird, kein Erfolgsmodell.
Es fehlen vor allem zusätzliche Lehrer, Sozialarbeiter, Erzieher, Psychologen, Spezialisten für Jugendkriminalität etc , welche die Lehrer so unterstützen, dass diese sich ihrer wirklichen Aufgabe, dem Unterrichten, voll und ganz widmen können,

denn unsere Lehrer sind nicht als Erzieher ausgebildet.

Ich persönlich habe vier Jahre lang hautnah miterlebt, was es bedeutet, wenn Schüler mit den unterschiedlichsten Kenntnissen in einer Klasse zusammengewürfelt wurden und ich als einziger Hauptschüler(alle anderen hatten mindestens mittlere Reife oder standen kurz vor dem Abitur) auf dem Abendgymnasium Freiburg das Abitur nachmachte und dabei noch den ganzen Tag normal arbeiten musste

In dieser Inklusionsklasse hatte ich keine Chance, den Wissensvorsprung der anderen einzuholen.

Von 117 Schülern machten nach vier Jahren 15 das Abitur, 2 fielen durch und 13 bestanden.
Was eine Durchfallquote von 90 % bedeutet. Also mehr als 100 Schüler von 116 gaben auf.

Ich bekomme heute noch Alpträume, in denen ich dem Unterricht nicht folgen kann oder durch das Abi rassle.

**Und immer wieder stelle ich mir vor,
welch furchtbarem, permanenten Frust ein Schüler ausgesetzt ist,
der die 5. Klasse auf dem Gymnasium auf „Wunsch" seiner Eltern besuchen muss,
ohne dafür im geringsten geeignet zu sein.**

Mir kommt das so vor, als ob ein Verein wie Bayern München gezwungen wird, eine gemeinsame Fußballmannschaft mit einem Amateurfußballverein (aus einem Ort von ca 1000 Einwohnern) aufzustellen um dann mit dieser Mannschaft in der ersten Bundesliga zu spielen.

Wie soll denn da ein Trainer arbeiten können, aber von den Lehrern wird das verlangt.

Schulbildung

ist zu wertvoll

um sie

unseren Politikern
und Finanzministern zu überlassen

Kapitel 18 Wenn Ihnen folgendes passiert………………..!!!

Was, die Stunde ist schon vorbei? Das ging aber schnell." sagen die Kinder ganz überrascht.

Sie müssen die Jungen in der Pause fast mit Gewalt zum Fußballspielen rausschmeißen,
weil sie unbedingt weiterarbeiten wollen.

Um 12.40 Uhr bemerken Sie alleine,
dass der Mathematikunterricht für die gesamte Klasse schon seit 40 Minuten aus ist.

Der nicht endenwollende Applaus von Eltern und Gäste bei einer gelungenen Vorführung
und die strahlenden und stolzen Gesichter der Schüler dazu………………………………………

Wenn Ihnen so etwas ab und zu passiert, sind Sie auf dem richtigen Weg.

Jetzt ist aber Schluss!

Einer der im Unterricht wohl am häufigsten ausgesprochene Satz!
Einmal muss man zum Schluss kommen, was ich hiermit tue.

Ich möchte noch einmal darauf hinweisen:
Dies sind Auszüge aus meinen Erfahrungen, über meinen Weg, den ich gegangen bin,
immer auf der Suche nach neuen Ideen, damit mir selbst der Unterricht weiterhin Freude macht.

Das Wichtigste für Sie ist, Ihren Weg zu finden, damit Sie gerne in die Schule gehen
und Ihre Möglichkeiten und Ihren Freiraum so zu nützen,
dass Ihnen die Freude am Unterrichten nicht abhanden kommt.

Dazu wünsche ich Ihnen viel Erfolg.

Ihr
Peter Dreier

Mein Lebenslauf

1945 geboren – 1951 Grundschule
1954 Einweisung in ein Heim für schwer erziehbare Jungen -
1958 Hauptschulabschluss - Lehre bei der Bundesbahn –
 Ausbildung als Jungwerker, durfte noch Dampflok fahren –
 interne Ausbildung bis zum Fahrdienstleiter –
1967 Kündigung bei der Bahn wegen Besuch des Abendgymnasiums
 (Besuch wegen Schichtdienst sonst nicht möglich) -
1971 Abitur
1973 Praktikum (mit Zulassungsarbeit) in einem heilpädagogischen Heim für
 schwer erziehbare Jugendliche.
 Die dort gemachten Erfahrungen haben mir im Schulalltag sehr geholfen.
1974 Lehrerexamen

1974 Erste Stelle in Schopfheim mit 44 Schülern –
1980 bis 1985 Lehrer in Südamerika (Peru) –
 anschließend Rektor an einer Grundschule –
 dann Rektor an einer Grund- und Hauptschule –
 danach Schulleiter an einer Grundschule im Ausland

1992 wurde ich dort wegen mehrfacher Kritik an der Schulführung fristlos entlassen –
 musste aber nach 24 Stunden auf Grund von Lehrer- Schüler- und Elternprotesten
 (Drohung mit Schulboykott) wieder eingestellt werden.
 4 Jahren später wurde meine Kritik am Schulleiter und dem Schulvorstand durch den
 Petitionsausschuss des Bundestages bzw. durch das Auswärtige Amt bestätigt.
 Schulleiter und Schulvorstand mussten die Schule verlassen.

2014 bin ich mit meinem Pferd Sahib 1200 km quer durch Deutschland geritten
. (Ohne Hufeisen und nur mit Stallhalfter) und habe Grundschulen besucht, welche am Wege
 lagen, um die dortigen Kollegen über ihre Probleme, aber auch über ihre Erfolge in ihrem
 Unterricht zu befragen. **(siehe Seite 138)**
 Dies geschah mit der Zustimung des Kultusministeriums und der Unterstützung durch die
 Gewerkschaften.
 Insgesamt wurden von mir ca 1200 Kollegen per Internet, Fragebogen und im Gespräch befragt.
 Die Ergebnisse wurden veröffentlicht.
 Jetzt bin ich Pensionär mit viel Zeit zum Nachdenken.

Die Illustratorin

welche dieses Buch illustriert hat, heißt Ulrike Joerg und unterrichtet als Lehrerin im Kreis Schopfheim im Wiesental.
Da Sie gern zeichnet, gestaltet Sie die meisten ihrer Arbeitsblätter selbst.

Auch Texte, Gedichte und Theaterspiele werden von ihr verfasst.
Außerdem schreibt und illustriert sie lustige Tiergeschichten frei nach Wilhelm Busch.

Sie hatte auch mehrere Austellungen mit Tierbildern im ganzen Wiesental, St. Blasien, Freiburg, Berlin ….

Kapitel 19 Praktische Hinweise für Unterrichtsfächer

Beispiele und Anregungen für die Unterrichtspraxis mit Arbeitsblättern für Kollegen, welche die nachfolgenden Fächer nicht studiert haben.

1. Mathematik

Eigentlich schade, dass dieses Fach gerade bei Schülern einen schlechten Ruf hat.
Dabei ist es ein klar strukturiertes Fach mit sicheren Ergebnissen.

Im Abitur bin ich in Mathematik mit einer fünf eingereicht worden. Dann habe ich Mathematik studiert weil ich der Meinung war, als Klassenlehrer sollte man Mathematik und Deutsch studieren.
und habe dann mit 1,8 abgeschnitten!
Warum?
1. Ich hatte jetzt einen triftigen Grund , mich mit Mathematik zu befassen
2. und im Studium hatte ich einen Dozent, der sein Fach liebte und Mathematik erklären konnte.

Und so ein Lehrer ist genau das, was auch die Schüler für einen erfolgreichen Mathematikunterricht brauchen.

a) Die Schüler müssen die Mathematik verstehen und nicht erraten.

Das wichtigste Zeichen in der Mathematik in der Grundschule ist das Gleichheitszeichen (=)
Das bedeutet: Rechts und links vom = steht das Gleiche bzw. haben wir den gleichen Wert.
Rechts und links dieses Zeichen habe ich also den gleichen Wert, wie bei einer Waage, wie man sie früher verwendet hat.
Leider ist dies vielen Lehrern und Schülern nicht so richtig klar, was das bedeutet..
Wenn ich den Kindern aber Folgendes verständlich machen kann:
$$2 \times 3 = 6$$ bedeutet:
$$2 \times 3 = 2 \times 3$$ bzw.,
$$6 = 6$$
haben die Kinder einen besseren Zugang zur Mathematik, sie verstehen das Wesentliche.
Dies klingt vielleicht lächerlich, aber dies ist meine persönliche Erfahrung, deshalb wiederhole ich es noch einmal:
Irgendwie scheinen die Kinder Mathematik besser zu verstehen, wenn ihnen klar ist, dass ich rechts und links des Istzeichens wirklich den gleichen „Wert" habe und das optisch sehen kann.

Probieren Sie es aus und schreiben Sie mir bitte, ob Sie die gleiche Erfahrung machten.

b.) Die Grundrechenarten sind das Fundament der Mathematik

Es gibt immer mehr Schüler, welche die Grundrechenarten nicht beherrschen, denn diese werden zu wenig geübt.

Die Grundrechenarten müssen täglich vertieft und wiederholt *werden*.

Es gibt so viele abwechslungsreiche Übungsarten (Laufspiele, Konzentrationsspiele, Brettspiele, Arbeitsblätter in allen Varianten,) etc., also genügend sinnvolles Übungsmaterial.

c) Das Üben von Textaufgaben am Anfang möglichst in Gruppenarbeit

Die größten Schwierigkeiten und somit den meisten Zeitaufwand gibt es immer bei den Textaufgaben. Ich habe für meinen Unterricht folgenden Weg entdeckt:

Textaufgaben sollten so viel wie möglich in Gruppenarbeit gelöst werden.

Werden Textaufgaben durchgenommen, sollte täglich immer eine Aufgabe in der Gruppe gemeinsam diskutiert werden.
In jeder Gruppe werden eigene Lösungswege gesucht!

Jeder Schüler einer Gruppe muss dann die Lösung erklären können.

Die Lösungswege werden der Klasse vorgestellt und besprochen.
Die 3 kürzesten Lösungen werden an die Tafel geschrieben.

Jeder Schüler trägt dann die Lösung in sein Hausheft, die er am besten verstanden hat
oder auch seinen selbst gefundenen Lösungsweg, wenn dieser ihm besser gefällt und zur richtigen Lösung geführt hat.

Es darf auf keinen Fall nur ein Lösungsweg zugelassen werden.

Das richtige, selbst errechnete Endergebnis ist wichtiger
als jeder noch so kunstvoll an der Tafel ausgearbeitete Lösungsweg.

Dieser Prozess läuft am Anfang sehr langsam, die Lösungen kommen dann aber immer schneller. Dieses Vorgehen macht dann den Schülern immer mehr Spaß und plötzlich werden auch für den einzelnen Schüler die Strukturen einer Textaufgabe immer klarer und sind für ihn einfacher zu rechnen.

Jede Textaufgabe ist dann für sie wie ein Kriminalfall, der gelöst werden muss.

Tipp:
Lieber wenige Textaufgaben richtig rechnen als viele falsch.

d) den richtigen Lösungsweg finden:

Die Schüler sollten wie folgt vorgehen wenn sie Mühe haben, die Struktur einer Textaufgabe zu erkennen, also das zu finden, was sie zur Lösung brauchen.

Um die Struktur einer Textaufgabe, sozusagen das Knochengerüst zwischen den vielen Wörtern einer Textaufgabe zu finden, sollte sich der Schüler als erstes fragen:

1. **Was weiß ich?**
   Ich suche also zuerst die wesentlichen Angaben, also alle Zahlenangaben und schreibe sie in Stichworten auf.
   Nun ist alles schon nicht mehr so verwirrend und ich sehe jetzt schon Lösungswege.
   Die wesentlichen Angaben liegen offen, sind nicht mehr im Text versteckt, das Skelett der Aufgabe ist zu sehen und dann geht es traditionell weiter:

2. Nun wird überlegt:
   a) **Was wird gesucht?**
   b) **Wie heißt die Frage?**
   c) **Welche Angabe brauche ich gar nicht?**

3. Jetzt brauche ich nur noch zu rechnen und die Antwort darunter schreiben.

4. Zum Schluss fehlt noch die Probe, wenn sie verlangt wird oder zur Überprüfung notwendig ist.

3. Die Schulung des logischen Denkens

in Form von Denksportaufgaben, Lösen von Detektivgeschichten, etc. ist sehr wichtig für den Mathematikunterricht und sorgt für Abwechslung und Auflockerung.

Auch Spiele wie Schach, Dame, Halma oder moderne Strategiespiele, bei denen man vorausschauend denken muss, sollten öfters gespielt werden.

Als Hausaufgaben sind schwierigere Denksportaufgaben sehr effektiv, weil da die Kinder sehr oft ihre Eltern mit einspannen und beide gemeinsam eine Lösung suchen.

Oft laufen dann auch die Telefone mit befreundeten Eltern von Mitschülern heiß.

Wenn Sie Spaß am Mathematikunterricht haben, dann haben den auch Ihre Schüler und sind auch in Mathematik genauso erfolgreich wie in anderen Fächern.

Deutschunterricht

1. Lesen

Lesen lernt man durch lesen!

Beim Lesen bin ich in einer anderen Welt.

Als ich Grundschüler war beschwerten sich meine Eltern: Wenn er liest, dann kann die Welt untergehen. Er sieht und hört nichts. Er ist in einer anderen Welt.

So sollten wir alle Schüler für das Lesen begeistern können.

Lesen muss Spaß machen und die Phantasie anregen.

Tipp:
1. Erzählen Sie Ihren Kindern, wie gerne Sie lesen.
2. Lassen Sie dann die Kinder über Ihre Freude und Spaß am Lesen erzählen.

Was Sie toll daran finden, ein interessantes, lustiges oder spannendes Buch zu lesen.

Warum Sie enttäuscht waren, wenn sie einen Film von einem Buch gesehen haben, welches Sie gelesen haben, und die Personen, Häuser, Landschaften lange nicht so schön waren wie die, die sie sich selbst beim Lesen des Buches vorgestellt hatten.

Vorlesen

Informieren Sie sich in den Buchhandlungen oder über Kollegen und besorgen Sie sich mehrere gute Bücher zum Vorlesen.

Besonders Bücher mit Kurzgeschichten eignen sich gut zum Einstieg.

Gerade die ersten Geschichten müssen bei den Kinder sehr gut ankommen, um weiteren Anreiz zum Selbstlesen zu bieten.

Es sollte auch ein weniger bekanntes Buch sein, damit die Kinder sich nicht langweilen, weil sie es schon kennen.

Haben die Kinder gut gearbeitet oder wollen Sie nichts Neues anfangen, weil die Zeit zu kurz ist, dann lesen Sie aus diesem Buch vor. Aber ganz wichtig ist:

Die Kinder und Sie müssen an der Geschichte Spaß haben.

Tipp:
1. Immer wieder beim Vorlesen unterbrechen und über das Gehörte reden.
2. Lesen Sie mit Begeisterung vor, als gäbe es nichts Schöneres oder Spannenderes auf der Welt als gerade diese Geschichte.

Einrichten einer Klassenbücherei und Lesestunde (Siehe Seite)

Besuchen der örtlichen Bücherei
Ich habe mindestens zwei Mal im Jahr mit den Kindern eine Bibliothek besucht und die Kinder zum Ausleihen zu animieren.
Bei unserer Bücherei konnten wir immer nach Anmeldung eine Stunde vor Öffnung mit den Kindern kommen,
damit sie in Ruhe lesen konnten und nicht gestört wurden.

Sehr oft stellte uns der Bibliothekar ein neues, spannendes oder lustiges Buch vor.

Tipp:
Bitten Sie die Eltern bei Einkäufen, wenn die Bibliothek in der Nähe ist, ihre Kinder dort zu lassen und dann auch selbst Bücher auszuleihen.

Noch besser wäre es natürlich, wenn sie selbst oft in die Bücherei gehen und zu Hause viel lesen.

Die Vorstellung der Lieblingsbücher im Unterricht

Tipp:
Lassen Sie die Kinder ihre Lieblingsbüchern vorstellen, aber nur den Anfang erzählen und ihre Lieblingsseite vorlesen lassen.
(Siehe auch Klassenbücherei)

Jede Woche eine Lesestunde

Tipp:
Schüler dürfen sich in der ganzen Schule ein ruhiges Fleckchen suchen, im Sommer auch im Schulhof, es herrscht aber absolutes Redeverbot.

Wer redet, muss zurück ins Klassenzimmerund unter Aufsicht lesen.

Die gemeinsame Lektüre

Gemeinsame Lektüre immer in Abschnitten besprechen.
.
Falls Sie ganz genau wissen wollen, ob das Buch von jedem gelesen wurde, stellen Sie auf einen Arbeitsblatt Fragen zum Inhalt.
Dies ist gerade bei einer Klassenlektüre sehr wichtig.

Lesen soll Spaß machen.

Lassen Sie also alles zu, auch ausgesuchte Comics und Zeitschriften.

Die Schülerzeitschriften für schwächere Leser

Sehr hilfreich, besonders für schwache Leser, sind Schülerzeitschriften, weil sie viele Bilder, Denkaufgaben und Rätselecken haben.

Stellen sie am Elternabend verschiedene Schülerzeitschriften vor und suchen Sie sich dann im Unterricht mit den Schülern eine Zeitschrift heraus, damit diese von den Eltern für ihr Kind nach Hause bestellt wird.

Natürlich müssen einzelne Geschichten aus dieser Zeitung auch im Unterricht behandelt werden.

Tipp:
Noch besser ist es natürlich, man benutzt die Angebote der örtlichen Zeitungen, um diese im Unterricht zu besprechen und die Kinder zu motiveren, auch später zumindest die Kinderseiten zu lesen.

Weisen Sie auf die Wichtigkeit des Lesens in allen Lebensbereichen hin, auch für das Lesen beim Umgang mit Computern oder dem Kleingedruckten in späteren Kaufverträgen, Angeboten von Firmen etc.

Gedichte vortragen macht Spaß

Gedichte sind ganz wichtige Gedächtnis – und Konzentrationsübungen.

Die Schüler werden in der Aussprache, in der Betonung und in der Mimik geschult.

Auch stärkt der Vortrag vor vielen Kindern das Selbstvertrauen und macht Spaß.

Leider wird dieser Teil des Deutschunterrichtes zu oft vernachlässigt.

3. Rechtschreiben

Rechtschreiben hat heute viel von seinem früheren Stellenwert verloren.
Viele Schüler meinen, wenn sie ein Rechtschreibprogramm haben, kann ihnen nichts passieren.

Rechtschreibprogramme können immer nur die Wörter korrigieren, nicht die Sinnzusammenhänge.

Deshalb werden viele Fehler übersehen. Man sollte deshalb die Wichtigkeit des Rechtschreibens als Unterrichtsfach nicht zu stark unterschätzen.

Meiner Meinung nach sind nur 5 Rechtschreibregeln wirklich wichtig.
Zu viele Rechtschreibregeln verwirren die Schüler.

Bei den Rechtschreibübungen sollte man sich nach der Fehlerhäufigkeit im Unterricht, im Diktat, bei den Hausaufgaben, in den Schulheften und beim Tafelabschrieb orientieren
und nicht nach den Seiten im Sprachbuch.

Eigentlich gibt es nur fünf Fehlerschwerpunkte, die 80-90 % aller Fehler im Grundschulbereich abdecken:
1. Groß- und Kleinschreibung
   Dabei hilft immer noch - die nicht ganz richtige - Regel:
   Alles, was man sehen, hören, fühlen und riechen kann, schreibt man groß .
   (oder nach dem Artikel schreibt man groß)

2. Leichtsinnsfehler: Lese laut vor, was du wirklich geschrieben hast.
              (die Flache - die Flasche)

3. Nach kurzem Selbstlaut folgen zwei gleiche Mitlaute.
   (ich **hoffe** im Gegensatz zu auf dem **Hofe**)

4. Wenn du nicht weißt, mit welchen Buchstaben das Wort endet,
   verlängere es. (das Band-die Bänder: das Band endet mit d)

5. Ableitungsfehler: der Bauer - die Bäuerin, also Bäuerin mit äu

Das Wichtigste dabei ist, dass die Schüler durch genaues Durchlesen ihres Textes die Fehler, die sie beim Schreiben gemacht haben, mit Hilfe eines Arbeitsblattes auch selbst entdecken.

Deshalb ist es für den Schüler nicht hilfreich, wenn die Fehler im Text vom Lehrer gefunden, angestrichen und dann vom Schüler verbessert werden. Der Lerneffekt ist gleich Null.

Tipp 1 :
Die Schüler müssen ihre Fehler selbst entdecken und „begraben" (ausradieren oder überkleben).
Deshalb durften die Kinder Ihre Diktate in den ersten beiden Klassen bei mir mit Bleistift schreiben.

Ich habe dann immer die Fehler an den Heftrand und zwar die Anzahl der Fehler sowie die Fehlerart z.B.:

    II R bedeutet 2 Regelfehler.
    I A bedeutet: 1 Ableitungsfehler (siehe Arbeitsblatt Rechtschreiben)

Das Wort wird in der Zeile gesucht, verbessert und die Ableitung (der Bauer-die Bäuerin) dazu geschrieben,
es muss also beim Verbessern mitgedacht werden.

Bei Fortgeschrittenen steht dann nur die Anzahl der Fehler unter dem Diktat. Die dazugehörge Rechtschreibregel muss dazugeschrieben werden (siehe Merkblatt)
z.B. groß (Wiewörter schreibt man klein)

Tipp 2 :
Für die Verbesserung bekommen die Schüler den Originaltext und dazu ganz bestimmte Rechtschreibübungen bezüglich der Fehlerschwerpunkte in diesem Diktat (Siehe Seite 114)

Eine wichtige Funktion dabei haben auch Nachbardiktate, Laufdiktate, Dosendiktate etc.......
Das sind gerade für hyperaktive Kinder Übungen, die sie gerne machen.

Die Schüler dürfen ihren Text sogar irgendwo im Schulhof deponieren aber nur unter der Bedingung, dass sie absolut leise sind und die Treppen hinunter schleichen.

Anschließend werden die Diktate vom Partner oder von der Gruppe korrigiert, zum Schluss dann vom Lehrer.

Tipps zur Intensivierung der Fehlersuche:

Schüler müssen gefordert werden -

Der Schüler wird wie folgt informiert:

Falls beim Korrigieren ein Fehler in deinem Diktat übersehen wurde und du findest ihn, bekommst du im Diktat einen Fehler weniger angerechnet, hast also dann eine bessere Note.

Regeln zum Diktatschreiben.
1. Das Diktat wird als Gesamtes vorgelesen (Sinnerfassung).
2. Die Sätze werden dann einzeln vorgelesen und von der Klasse auswendig wiederholt, bis sie fehlerfrei nachgesprochen wurden.
    - Üben der Konzentrationsfähigkeit und des genauen Zuhörens -
3. Jeder Satz wird dann beim Diktieren in Sinneinheiten vorgelesen, aber nur zwei Mal. Wer dann immer noch nicht alles aufgeschrieben hat, muss Platz freilassen und, wenn am Schluss alles noch einmal wiederholt wird, nachschreiben.
4. Sagt der Lehrer: „Nächster Satz" strecken die Schüler, die noch am Schreiben sind, eine Hand hoch – der Lehrer wartet.

Konzentrationspause
In der Mitte des Diktates werden die Fenster geöffnet und ein kleines Bewegungsspiel gemacht, bei dem es meistens sehr lustig zugeht,
dann eine Schweigeminute, um wieder Konzentration zu sammeln.

Am Ende des Diktats wird alles noch einmal ganz langsam und deutlich vorgelesen.
Dies kann auch ein guter Schüler machen.

Dann folgen 5 Minuten Zeit zum nochmaligen Durchlesen und erneuten Fehlersuche.

Dabei kann der Lehrer folgende Anweisu gen geben:
- Suche Leichtsinnsfehler, lese jedes Wort genau durch,
  ob dieses Wort wirklich so geschrieben ist, wie du es auch liest.

- Kontrolliere die Großschreibung (Namenwörter, Wiewörter, Tunwörter
  (bei Diktatkontrolle keine lateinischen Bezeichnungen)
  weiteres siehe Merkblatt zur Diktatverbesserung S. 117

Die Korrektur:

Der Lehrer verpflichtet sich, das Diktat am nächsten Tag zurückzugeben.

Die Schüler müssen ja ihre Hausaufgaben auch machen.
Wenn es nicht möglich ist, nennt er die Gründe, z.B.:Gesamtlehrerkonferenz.......

Arbeitsblätter zur Diktatverbesserung: Diktatverbesserung Blatt 1

Merkblatt zur Diktatverbesserung
****

Hebe dieses Blatt gut auf! Stecke es in eine Klarsichthülle, denn hier steht, wie du deine Rechtschreibfehler verbessern musst.

1. **Jeder Fehler im Diktat wird mit einem Klebestreifen überklebt.**
   Darauf wird dann das Wort richtig geschrieben.
   Hast Du das Diktat mit Bleistift geschrieben, kannst du das falsche Wort ausradieren und richtig überschreiben.
2. **Am Heftrand stehen bei den falsch geschriebenen Wörtern folgende Buchstaben:**

   R = **Regelfehler:** Du hast eine wichtige Rechtschreibregeln nicht beachtet.
   Schreibe das Wort in der Verbesserung richtig und schreibe in Klammer die dazugehörige Regel dahinter

   z.B: „gehen" (Tunwörter schreibt man klein) oder:
   „kannst" (nach kurzem Selbstlaut folgende zwei gleiche Mitlaute)
   „schön" (Wiewörter schreibt man klein)

   A = **Ableitungsfehler:** Du hast nicht überlegt, von welchem Wort dieses Wort abstammt.
   z.B. Bäuerin kommt von Bauer, deshalb schreibe ich es mit äu
   die Verbesserung heißt also: die Bäuerin (der Bauer)

   ver = Du musst das Wort verlängern damit du weißt mit welchem Buchstaben dieses Wort aufhört

   z.B. „Hand" schreibt man am Wortende mit d,
   was ich genau hören kann, wenn ich
   es verlängere (Hände) **die Verbesserung heißt also:
   die Hand (die Hände)**

   M = **Merkfehler.** Das heißt, du kennst das Wort nicht und musste es auswendig lernen. **Schreibe es fünfmal auswendig**

   L = **Leichtsinnsfehler:** Du hast einen oder mehrere Buchstaben vertauscht oder vergessen. **Schreibe dieses Wort fünfmal auswendig!**

Diktatverbesserung Blatt 2 (Beispiel 3. Klasse)

Diktat Nr. ……

Lucy, die Halbvampirin

Lucy lebt in einem geheimnisvollen Schloss. Sie macht gern Quatsch und liebt es, gruselige Bücher zu lesen. Sie ist tagsüber ein normaler Mensch und nachts eine Vampirin.
Ein seltsamer Schulzahnarzt hatte ihr eine Zahnspange verschrieben und dann bemerkte sie plötzlich eine Veränderung. Es waren ihre spitze Zähne gewahsen.
Lucy fliegt jede Nacht zur Geisterstunde auf einem Besenstil mit den Fledermäusen um die Wette, aber sie ist immer angeschnallt.
Eines Tages findet Lucy einen Zettel mit einer Geheimschrift. Nach langem Ausprobieren entziffer sie den Zettel. Es ist der Lageplan eines vergrabenen Schatzes.
Davon kauft sie sich einen Luxusbesen mit Düsenantrieb und wird zur Oberhexe ernannt.

In diesem Diktat sind zwei Leichtsinnsfehler. Findest du sie?……………………………………………………………

****

Diktatverbesserung

1. Verbessere das Diktat nach dem Merkblatt.
   Anschließend darf kein Fehler mehr im Diktat sein.

2. Suche alle Wörter mit tz:
   …………………………………………………………………………
   Wann schreibe ich ein Wort mit z, wann mit tz?

3. Im Diktat stehen sieben zusammengesetzte Namenwörter. Bilde mit jedem Wort einen Satz Beispiel: Die Turmuhr ist die Uhr am Turm.

4. Wie viele Wiewörter (Adjektive) hat das ganze Diktat? ……………………………………………….
   Unterstreiche sie grün.

5. Wie viele Tunwörter (Verben) findest du im Diktat………………………………………………….
   Unterstreiche sie blau.

6. Welche Wörter findest du schwierig? Schreibe jedes Wort drei Mal!

4. Aufsatzerziehung
Der Aufsatz ist der wichtigste und schwierigste Teil des Deutschunterrichtes.

Vorübungen zum Aufsatz

Tipp:
Als wichtige Vorübungen zum Aufsatzschreiben hat sich bei mir Folgendes bewährt:

1. **Immer wieder Nacherzählen von Kurzgeschichten, langen Geschichten und Büchern**
    mit folgenden Zusatzaufgaben:
    - Stimmt die Reihenfolge?
    - Wurde etwas vergessen?
    - Sind die Satzanfänge unterschiedlich?
    - Kommt zu oft „und dann" vor?
    - wurde ein W vergessen Seite (113)
    Die Klasse hört zu und korrigiert. Wer Fehler findet, darf weitererzählen

2. **Nacherzählen nach Stichwörtern**

3. **Arbeiten nach dem Arbeitsblatt**: Wie schreibe ich einen Aufsatz (siehe ......)

4. **Nachschreiben von längeren Texten in der Gruppe mit Stichwörtern**
    - Zuerst notieren der Stichwörter
    - Ordnen der Stichwörter
    - Gemeinsames Schreiben mit:
        Kontrolle der Reihenfolge
        Kontrolle der Satzanfänge
        Kontrolle, ob genügend Wiewörter

5. **Geschichten erfinden und erzählen mit vorgegebenen Aufsatzthemen.**
6. **Allein schreiben, wie geübt.**
    Angefangen habe ich damit ab 2. Klasse
    wobei die Aufgaben natürlich der Klassenstufe gemäß formuliert wurden.

Die Aufsatzverbesserung

Wie bringe ich Schüler dazu, ihre Aufsätze so zu verbessern, dass sie aus ihren Fehlern lernen?

In der Aufsatzverbesserung habe ich immer wieder etwas Neues ausprobiert und war nie mit den Ergebnissen zufrieden.

Im Vergleich zum Korrekturaufwand waren die Ergebnisse in den weiteren Aufsätzen zu dürftig.
Bei jedem Aufsatz habe ich immer eine genaue Fehlerbeschreibung mit Korrekturanweisungen angefügt, die wurden meistens gerade von den Schülern, die es am Notwendigsten gehabt hätten, überhaupt nicht gelesen und die Verbesserungen waren eine Katastrophe.

Da kam mir folgende Idee:

Tipp:

**Ich bringe den Schülern bei, wie ich korrigiere und wie ich benote,
denn dann wissen sie auch, wie sie schreiben müssen.**

Und das klappte.

Nach einer längeren Übungsphase von circa drei Monaten an Hand von früheren Aufsätzen sind die Schüler soweit, ihre Aufsätze selbst zu korrigieren und zu benoten.

Zum Korrigieren und Benoten haben sie sie drei Arbeitsblätter zur Verfügung

1. Wie schreibe ich einen Aufsatz
2. Wie benote ich meinen Aufsatz.
3. Aufsatzverbesserung

Diese drei Blätter dürfen Sie beim Aufsatzschreiben und beim Benoten benützen.

Diese Blätter finden Sie auf den nachfolgenden Seiten.

Ist der Aufsatz geschrieben, wird er eingesammelt, **aber im Aufsatzheft selbst wird nichts korrigiert.** Den Aufsatz nehme ich zum Korrigieren mit nach Hause.

Tipp:
Daheim schreibe ich alles, was mir gefallen hat und was nicht, per Mikrofon mit einem Sprachprogramm in den Computer auf ein Extrablatt, setze dort die Note darunter und begründe sie.

Wenn ich deutlich spreche, mache ich bei einem Sprachprogramm so gut wie keinen Fehler. Daher kann ich ohne großen Zeitaufwand längere Erklärungen aufschreiben und ausdrucken und somit viel genauer und detaillierter korrigieren.

Der Schüler bekommt sein Aufsatzheft am nächsten Tag unkorrigiert zurück, um seinen Auifsatz selbst zu Hause zu korrigieren und zu benoten,

Zu Hause korrigiert der Schüler seinen Aufsatz und benotet ihn, wie im Unterricht geübt, mit Hilfe der drei Arbeitsblätter selbst, wobei die Eltern mithelfen dürfen.

Am nächsten Tag in einer Stillarbeitsstunde kommt jeder Schüler einzeln zu mir, teilt mir mit, welche Note er sich gegeben und wie er sie begründet hat.
Ich zeige meine Korrektur mit der Begründung meiner Note.
Dann wird die Note gemeinsam besprochen, festgelegt und unter den Aufsatz im Aufsatzheft eingetragen.

Ist einem Schüler meine Note zu schlecht, vielleicht habe ich etwas übersehen oder falsch verstanden etc. und er kann es wirklich begründen, habe ich keinerlei Probleme, die Note dementsprechend abzuändern.
Das Verblüffende dabei ist:

Mit ganz wenigen Ausnahmen hatten die Kinder fast immer eine halbe Note schlechter als ich bewertet und außerdem stellte ich fest, das die Schülernote die wirklich gerechtere Note war, denn ich hatte immer einen sogenannten Pädgogenbonus dazugegeben, um den Schüler zu motivieren.

Außerdem nahm nun die Fehlerhäufigkeit rapide ab und ich musste deshalb viel weniger korrigieren

und konnte deshalb sogar meistens die Aufsätze bereits am nächsten Tag zurückgeben, was früher unmöglich war.

Das Aufsatzkorrigieren machte wieder Spaß.

Kann das denn überhaupt funktionieren?

Wenn Sie das alles gelesen haben über das Selbstkorrigieren des Aufsatzes, verbunden mit drei Arbeitsblättern, glauben Sie bestimmt: Das ist unmöglich.

Es hat aber fantastisch funktioniert.

Wir unterschätzen, was Kinder in diesem Alter für Fähigkeiten haben.

Es hat sogar in einer zweiten Klasse funktioniert, natürlich mit einfacheren Vorgaben.

Sie müssen den Kindern nur genügend Zeit zum Üben lassen.

Wie schreibe ich einen Aufsatz? (Klasse drei)

1. **Ich überlege mir genau, welches Thema ich wählen werde.**

   Beispiel: Tiererlebnis: Welches Tier und welches Erlebnis.
   Abenteuer: Wann? Wo? Wie? War es wirklich ein Abenteuer? Höhepunkt?

2. **Ich schreibe alles in Stichwörtern auf, was mir gerade zu diesem Thema einfällt.**

3. **Nun ordne ich die Stichwörter nach der zeitlichen Reihenfolge, wie alles passiert ist.**

4. Jetzt habe ich die Geschichte im Kopf und überlege mir
   eine **gute Überschrift** und eine **gute Einleitung**.

****

5. **Jetzt beginne ich zu schreiben.**
   Immer, wenn in meiner Geschichte etwas Neues passiert, kontrolliere ich:

   - **den Satzanfang**, ob er sich zu oft wiederholt
   - **habe ich die 6 W kontrolliert** (mindestens vier)
   - **habe ich kontrolliert ob ich nichts vergessen habe?** (Wörter, Sätze oder einen Teil der Geschichte)
   - **und kann jeder Leser alles gut verstehen,** was ich geschrieben habe
   - **sind die Tunwörter(Verben) alle in der gleichen Zeit?** (Gegenwart, Vergangenheit)
   - hat meine Geschichte **einen schönen Schluss, wie wir es geübt haben?**

Die 6 W

Wenn ich eine Geschichte schreibe oder erzähle muss sich immer dann, wenn etwas Neues passiert kontrollieren, ob ich an die 6 W gedacht habe!

1. **Wer** macht etwas (Personen, Tiere, Dinge, Sachen)?
2. **Was** macht er (Tunwort (Verb)?
3. **Wie** wird es gemacht? Wie sieht es aus (Wiewort-Adjektiv)?
4. **Wo** passiert es? (Ortsangabe)
5. **Wann** passiert ist?(Zeitangabe)
6. **Warum** passiert es?

Beispiel: Gestern (5) ging (2)Herr Maier(1)ins Gasthaus(4), weil er Hunger hatte(6).

Aufsatz Arbeitsblatt 2 - Klasse 3 -

Wie benote ich meinen Aufsatz (Klasse drei)

1. Zuerst lese ich meine Geschichte mehrere Male durch.
   Danach lese ich sie einem Erwachsenen oder einem Freund vor.

   Dann spreche ich mit ihm darüber, was ihm gefallen hat und was Ihm nicht gefallen hat. Finde ich niemanden, kann ich es auch auf mein Handy oder auf den Computer sprechen um besser zu hören, was gut oder schlecht ist.

2. Nun unterstreiche ich grün, was mir gefällt und rot, was mir nicht gefällt.

3. Anschließend schreibe ich auf, was mir gefallen hat und was nicht gut war

   gut   schlecht

4. Jetzt kontrolliere ich, ob ich an die 6 W gedacht habe

5. Und schaue nach, ob alles in der gleichen Zeit (Gegenwart: geht, schreibt. ...
   oder in der Vergangenheit ging, schrieb) steht.

6. Zum Schluss überlege ich mir die Note für meinen Aufsatz.

Aufsatz Arbeitsblatt 3

Aufsatzverbesserung

SA = **Satzanfang :** Suche einen besseren Satzanfang!

****

W = **Wiederholung:** Du hast dieses Wort zu oft wiederholt.
Überlege dir ein anderes Wort.

****

SU = **Satzumstellung:** Du sollst die Satzglieder umstellen.
z.B: Ich gehe heute nach Hause
besser: Heute gehe ich nach Hause.

****

Z = **Zeitfehler:** Du sollst die Tunwörter (Verben) alle nur in einer Zeit schreiben. (nur Gegenwart oder nur Vergangenheit)

****

nv = **nicht verständlich:** Ich habe nicht verstanden, was du geschrieben hast. Schreibe das Wort, den Satz, die Sätze noch einmal

****

f = **fehlt:** Hier fehlt ein Wort, ein Satz oder ein Teil der Geschichte.

****

lesen = **lesen.** Lese diesen Satz oder diesen Abschnitt noch einmal durch!

****

A = **Ausdrucksfehler** Suche ein passenderes Wort!

****

Satz = **Satz.** Deine Sätze sind zu lang. Fange immer, wenn etwas Neues geschieht, auch einen neuen Satz an.

****

Merke:
1. Alle eingerahmten oder unterstrichenen Wörter oder Sätze werden verbessert.
2. Bei der Aufsatzverbesserung verbessern wir den ganzen Satz, auch wenn nur ein Wort angestrichen ist.
3. Hast du zu viele Fehler, musst du den ganzen Aufsatz noch einmal ins Aufsatzheft schreiben.

Fremdsprachen müssen permanent wiederholt werden

Die permanente Wiederholung ist das Wichtigste, um eine Fremdsprache gut zu erlernen.

Jede Sprache erlerne ich nur durch aktives Sprechen. Also muss ich, wenn ich eine Fremdsprache unterrichte, Möglichkeiten zum Üben suchen, die über die Sprachunterrichtsstunde hinausgehen.

Ich muss sie also auch in den anderen Unterrichtsfächer praktizieren, indem ich immer wieder Anweisungen oder kleine Sätze wie
Macht das Licht aus - öffne das Fenster - Stuhlkreis - Oh, wie schön, die Sonne scheint – Schaut mal, was für eine schöne Katze - etc...... in der Fremdsprache spreche.

Tipp:
Benutze die Fremdsprache(n) als Umgangssprache im Unterricht in allen Fächern, auch im Sportunterricht

Es hat sich bei mir gezeigt, dass man im Verhältnis drei zu eins, also jede dritte Anweisung in der Fremdsprache ohne Probleme ganz normal erteilen kann.
Die Kinder gewöhnen sich ganz schnell daran.
Und so wird quasi nebenher eine Fremdsprache für den täglichen Gebrauch ohne Vokabellernen erlernt und vertieft.

Es ist schon fast unheimlich, welche Fortschritte die Schüler in dieser Sprache machen.

Außerdem gibt es viele wunderschöne, fremdsprachliche Kinderbücher, die in sehr einfacher Sprache und mit vielen Wiederholungen geschrieben sind. Die Kinder lieben solche einfache Erzählungen.

Sie können auch diese Geschichten in Theaterstücke umschreiben, z.B der Wolf und die sieben Geißlein. Das Spielen in einer anderen Sprache macht viel Spaß und diese Stücke werden von den Schülern mit Begeisterung gespielt.
Es sollte immer möglichst die ganze Klasse dabei mitmachen.
Man kann auch ganz kleine Nebenrollen dazu erfinden.

Natürlich wird im Fremdsprachenunterricht **viel gesungen.**
Bewegungsspiele oder Singspiele kommen bei den Kindern sehr gut an.

6. Sachkunde macht Spaß.

Dieses Fach bietet den Kindern Freude und Spaß am Lernen wie fast kein anderes.

Durch konkretes Handeln und persönliche Erlebnisse ist der Lernerfolg doppelt so hoch wie in anderen Fächern

Raus aus dem Klassenzimmer heißt hier die Devise.

Leider sitzen viele Kinder zu Hause viel zu oft vor Computer, Handy und Fernsehgeräten.

Deshalb müssen wir aus dem Klassenzimmer heraus um zu zeigen, wie schön und wie interessant unsere Umgebung und die Natur ist.

Es bieten sich an:

-- Unterrichtsgänge mit dem Förster, Vögel bestimmen oder Blumen, Blätter und Pilze
   die natürlich bei der Pilzsammelstelle überprüft werden - kombiniert mit Umweltschutz und
   Energiesparmaßnahmen,
- Besuche im Supermarkt, bei der Feuerwehr, Kläranlage etc...........................,
   die aktive Teilnahme vertiefen das Erlernte.
- Projektunterricht in unmittelbarer Nähe ist immer besser als bloßes Erarbeiten im Klassenzimmer
   Die Ergebnisse sollten sauber und ordentlich, in Schönschrift und mit vielen Zeichnungen
   dokumentiert werden.
   Das Durchblättern dieser Hefte oder Ordner sollte den Kindern immer Freude bereiten.

Sie müssen lernen wie schön es ist, selber etwas Schönes zu gestalten
um dann beim Betrachten Spaß daran zu haben. (Siehe auch Seite 49)

Tipp: 1
Einige Unterrichtsthemen dürfen sich die Schüler selbst wählen.
Das Arbeiten macht ihnen dann viel mehr Spaß und die Ergebnisse sind noch besser.

Tipp 2:
Sie können auch immer wieder einmal eine reine Fragestunde halten,
in der man von einem Thema, zu dem die Kinder Fragen haben, zum anderen springt.

Dabei kann man auch auf Zeitungsartikel eingehen,
oder auf etwas Wichtiges in der Welt- oder Umweltpolitik.
Sehr gut eignet sich auch in der Zeitung die Spalte für Kinder: „Erklär´s mir!"

Was auch immer gut ankommt ist, wenn Kinder, Eltern, Großeltern von ihren Hobbys berichten. (Bienen, Sterne, Schlittenhunde, Pferde, Technik, ……)

Tipp 3 :
Damit die Themen nicht zu einseitig werden, dürfen immer abwechselnd Mädchen und Jungen ein Thema bestimmen.

7. Kunst ist die Freude am kreativen Gestalten

Ich hatte das große Glück, da ich von Kunstdidaktik und Methodik keinerlei Ahnung hatte, dass meine Frau diese Fächer auch in der Grundschule unterrichtete und mich deshalb immer mit ausgearbeiteten und somit selbst gehaltenen Unterrichtseinheiten versorgte.
Für einen Unkundigen wie mich das Himmlreich auf Erden.

Mein Fazit:
Nur wenn ich den Kindern im Kunstunterricht beibringe, wie schön es ist, innerhalb meiner Fähigkeiten etwas Schönes zu gestalten, sauber und mit Hingabe zu arbeiten, damit ich stolz darauf sein kann, werde ich gute Ergebnisse erzielen.

Dafür brauchen die Kinde aber viel Geduld, was heute für sie immer schwieriger zu erlernen ist.
Sie müssen lernen, dass etwas Schönes zu gestalten Zeit und Geduld braucht.

In Kunst muss Ihre Freude am kreativen Gestalten auf die Kinder übergehen.

8. Musik sollte nicht nur in der Musikstunde stattfinden

1. Musik und Sport sind die beiden Fächer, bei denen Sie am schnellsten Zugang zu den Kindern finden.

Musik als durchgehende Unterrichtsstunde, in der dann einmal in der Woche gesungen oder gespielt wird, bringt lang nicht so viel als wenn Sie diese Zeit über andere Fächer verteilen und Musik öfters zur Entspannung und als Auflockerung nach Konzentrationsphasen einsetzen.

Tipp 1:
Deshalb sollten auch immer im Klassenzimmer ein paar Rhythmusinstrumente
sowie mindestens eine Trommel griffbereit sein.

Bei Aufführungen setzen Sie Schüler mit ein, die Privatunterricht haben
und lassen Sie die Musikstücke im Musikunterricht oder bei ihrem privaten Musiklehrer einüben.

Es ist einfach toll, wenn sie z.B. Klavier und Streichinstrumente dabei haben.

Tipp 2:
Lernen Sie Gitarre spielen:

Grifftabellen finden Sie in vielen Liederbüchern. Fangen Sie mit der einfachsten Dur an: A, E, D
Mit drei Griffen können Sie schon sehr viele Lieder begleiten.

Tipp 3
Wir singen immer mit Begeisterung, aber es wird immer gesungen undd nicht geschrien.

Nur an ganz bestimmten Stellen, wie bei dem Lied „Die Weihnachtsbäckerei" die Stelle:
„Mach die Hände rein „Du Schwein" etc......., da müssen die Wände wackeln.

Bewegungslieder wie :
„Das Auto von Lucio „ oder „Die Tante aus Marokko „können wöchentlich mehrere Male
mit immer gleicher Begeisterung gesungen werden .

Diese oder andere ähnliche Texte finden Sie in den fast jedem normalen Musikbuch für den
Schulunterricht oder im Internet.

Tipp 4:
Bei Auftritten in Altersheimen singen Sie mit den Kindern alte Volkslieder,- ich habe immer ein Maikonzert mit Frühlingsliedern gegeben - , zwei oder dreistimmig oder einen Marsch - Badnerlied - bei dem auch die Zuhörer mitsingen können.
Das macht den Kindern genauso viel Freude wie den alten Leuten.

Tipp 5
Ein besonders schönes Erlebnis ist auch ein gemeinsamer Auftritt mit einem Erwachsenenchor.

Tipp 6
Wenn sie den Schulchor übernehmen, sollten Sie auch Musik in mehreren Klassen unterrichten.
Sie haben dann mehr Zeit zum Üben und können mehrstimmige Lieder getrennt einüben.

Tipp 7
Gehen Sie über den Kanon zur Zweistimmigkeit.
Leiten Sie den Schulchor, dann üben Sie schwierigere Lieder zuerst mit Ihrer Klasse ein,
der Chor erlernt dann dieses Lied wesentlich schneller.

Tipp 8
Lassen Sie viele Lieder durch die Kinder auswählen.
veranstalten sie Hitparaden.
Jede Gruppe sucht sich einen Song aus und die Klasse entscheidet, ob sie dieses Lied singen möchte.
Kontrollieren Sie aber bitte zuerst den Text, denn sonst könnte es evtl. Probleme mit Eltern bezüglich der Inhalte geben oder sie dichten zwei oder drei Strophen kinderfreundlich um.
Der Lehrer legt nur dann ein Veto ein, wenn die Melodie für die Klasse zu schwierig wird.

Tipp 9
Sehr beliebt sind auch alte Schlager, die umgeschrieben werden.
Beispiel:(Auszug)
„Ich wollt, ich wär ein Huhn
ich hätt nicht viel zu tun
ich bräucht nicht in die Schule gehen
mein Gott, wie wär das schön.......

Ich bräuchte niiiiiiiiiiiiiiiie mehr in die Schul
ich wäre dämlich aber cool, "

Sie glauben nicht, mit welcher Begeisterung diese Texte gesungen werden.

Zudem macht es richtig Spaß den Kindern zuzuhören, wenn sie von sich aus auf einem Ausflug, einem Unterrichtsgang, im Zug oder irgendwo unterwegs anfangen ihre Lieblingslieder zu singen, im Kanon, zweistimmig etc. und nicht mehr aufhören wollen.

Sehr oft, wenn wir ein Museum besuchten, etwas besichtigt hatten, mit dem Förster unterwegs waren und die Leute nett zu uns waren, bedankten wir uns mit einem kleinen Lied, was immer mit viel Freude angenommen wurde.

Tipp 10

Stecken sie mit Ihrer Begeisterung beim Singen eines Liedes die Kinder an.

9. Ein guter Sportunterricht baut Stress ab

Als Jugendlicher war ich sehr unsportlich und hatte von Sportmethodik und Didatik keine Ahnung.
Um Barren, Pferd und Ringe machte ich immer einen großen Umweg.
Zum meinem Glück hatte aber meine Frau Sport studiert und half mir mit ausgearbeiteten
Unterrichtseinheiten. Dies führte sogar dazu, dass Sport zu einem meiner Lieblingsfächer wurde.

Tipp 1:
Hospitieren Sie, wenn Sei das Fach nicht studiert haben, so oft wie möglich bei einem
bei den Schülern beliebten Sportlehrer

1. Aufbau des Sportunterrichtes

Tipp:
Der Sportunterricht sollte immer in einen Erwärmungsteil einen Übungsteil
und zum Schluss ein großes oder mehrere kleine Spiele aufgeteilt werden.

Erwärmungsteil und Übungsteil sind ja in sich klar strukturiert und in Sportbüchern genau nachzulesen
und laufen daher fasst von alleine.
Anders ist dies natürlich bei Spielen.
Man sollte besonders darauf achten, dass nicht zuviel Fußball gespielt wird.
Dies kann man dadurch steuern, indem im Wechsel einmal Jungen und einmal Mädchen entscheiden,
was gespielt wird.

Im Sportunterricht müssen die Kinder eines auf jeden Fall lernen:
1. Der Spaß am Spiel ist wichtiger als das Gewinnen.
2. Alle Schüler müssen Freude am Sport haben.
3. Wir sind fair und deshalb nehmen wir Rücksicht aufeinander.

Das dauert zwar etwas länger bis die Kinder diese drei Punkte begriffen haben,
aber dann macht ihnen der Sportunterricht viel mehr Spaß.

Gerade beim Zusammenstellen von Mannschaften lernen die Kinder, dass nicht nach Freundschaften
gewählt wird sondern so, dass die Mannschaften gleich stark sind.
Sie stellen fest, haushoch gewinnen ist langweilig.
Wenn aber die Mannschaften gleich gut sind dann macht das Spiel mehr Spaß
und auch wenn man knapp verliert, geht die Welt nicht unter, man hat eben Pech gehabt.

Tipp:

Wenn möglich, beenden Sie ein Spiel möglichst bei Gleichstand. Dann sind alle glücklich.
Falls dennoch eine Mannschaft zu überlegen ist, muss der Lehrer eingreifen,
indem er einige Schüler auswechselt und den Schülern begründet, **warum er dies tut.**

Beispiel Hallenfußbal
Hallenfußball wird mit einem Softball gespielt.

Es gelten die normalen Regeln für Hallenfußball.
Wer sich nicht an die Regeln hält, gelbe Karte, dann die rote Karte: Strafbank –Strafminuten -.
Bolzen ist verboten - es wird mit Gefühl und mit Köpfchen gespielt und es wird mannschaftsdienlich
gespielt.

Alleingänge werden abgepfiffen. (die andere Mannschaft erhält einen Freistoß)

Es wird der Partner gesucht, der sich Freiräume sucht, um angespielt zu werden.

Sind mehr als vier Spieler direkt am Ball, oder wird etwas falsch gemacht,
wird abgepfiffen und besprochen, was falsch gemacht wurde.

Das Gleiche wird auch bei sehr guten Spielzügen gemacht, besonders auch dann,
wenn sie zum Torerfolg führten. Die Akteure werden gelobt.

Nachdem der Lehrer anfangs permanent abpfeifen und die Fehler besprechen muss,
wird das Spiel langsam flüssiger und es werden immer weniger Fehler gemacht.

Plötzlich merken die Kinder, wie Spielfreude aufkommt und dass das Spiel mit Köpfchen
viel mehr Spaß macht als die anfängliche Bolzerei.

Auch die Mädchen können dann mitspielen und haben Freude daran.

Weint ein Kind, weil es sich wehgetan hatte, wird der Sportunterricht immer unterbrochen
um festzustellen, was passiert ist.

Immer wieder wird wiederholt: Sport soll Spaß machen und nicht wehtun!

Individuelles Vorgehen zur Vermeidung von Überforderung

Auch im Sportunterricht ist es eine der Hauptaufgaben des Lehrers,
die Kinder nicht zu überfordern, aber auch nicht zu unterfordern.

Der Leistungsstand für Schüler und auch ihre individuellen Möglichkeiten,
wieweit sie am Sportunterricht teilnehmen können ,- Fettleibigkeit usw. – müssen vom Lehrer beachtet werden.
Er muss den Schüler dort abholen, wo er sich leistungsmäßig befindet.

Gerade Kinder, die in Sportvereinen sind, egal in welcher Abteilung,
bringen natürlich ganz andere Voraussetzungen mit wie Kinder, für die Sport ein Fremdwort ist.

Beispiel zur Individualisierung:

Sprung auf die Weichbodenmatte von einer Leiter. (2. Klasse)
Zuerst wurde erklärt, wie man von einer größeren Höhe auf den Boden springen kann ohne sich weh zu tun:
  - abfedern in den Knien, Hände zum Boden -
    Erst dann durfte der erste springen.

Der Sprung von der ersten und zweiten Sprosse wird von allen Kindern verlangt.
Wer sich nicht so richtig traut, dem hilft der Lehrer durch Hand halten.
Ab der dritten Sprosse ist es freiwillig.

Nach jedem Durchgang ist eine Sprosse höher erlaubt, aber nur auf freiwilliger Basis. Jeder soll selber ausprobieren, von welcher Höhe er springt.

Auch wenn ich die nächsthöhere Sprosse hochklettere, muss ich nicht von dort herunterspringen.
Ich kann wieder eine Sprosse herunter gehen, ohne dass in der Klasse gelacht wird.

Aber es wäre toll wenn ich das schaffe.
Schafft ein Schüler eine höhere Sprosse als er sich vorher zutraute,
gibt es natürlich Beifall von der ganzen Klasse.

Es wird also auch immer die individuelle Leistungssteigerung beklatscht, nicht nur die Höchstleistung.

Auf der anderen Seite muss der Lehrer ab und zu Schülern verbieten,
wenn diese von zu großer Höhe springen wollen weil er meint, ein Schüler könne sich verletzen
(zu hohes Körpergewicht, zu ungelenk etc.)
Diese Gründe werden aber nur dem Schüler offen gelegt.

Begründung: Es ist toll, wenn jemand so mutig ist, aber wir wollen nicht, dass du dich verletzt.

Sport soll Spaß machen und nicht weh tun

3. Der Schüler muss Vertrauen zu Ihnen haben.

Dies können Sie mit ganz einfachen Mitteln bewerkstelligen.

Tipp:
Üben Sie für sich einen Salto vom Sprungbrett oder eine kleine Kür an den Ringen
oder am Barren eine Kür oder irgendetwas, was Ihnen vielleicht Spaß macht.

Ich war total unsportlich und habe das auch geschafft. Es ist einfacher, als Sie glauben.
Vielleicht bitten sie auch einen Sportlehrer, Ihnen dabei zu helfen.

Nehmen Sie gleich am Schuljahresanfang ein Thema, welches Ihre Übung beinhaltet
und turnen sie das ganz beiläufig vor.
Die Schüler erkennen sie dann als Sportlehrer an und haben Vertrauen zu Ihnen,
was gerade bei Übungen an den Geräten sehr wichtig ist oder wenn es gilt, dass ein Schüler seine
Ängstlichkeit überwinden sollte.

4. Das Variieren von sportlichen Übungen

Tipp :
Lassen Sie die Kinder z.B freiwillig gegeneinander ringen, auch die Mädchen.

Oder probieren Sie einfach auch andere Sportarten aus, wenn die Kinder sich für diese begeistern und sie auch mit den örtlichen Begebenheiten durchgeführt werden können.
Das macht allen einen Heidenspaß.

Aber bitte genau nach den Regeln,
die Sie bei jedem Sportverein nachfragen oder im Internet finden können.

Tipp :
Betätigen Sie sich nie als Schiedsrichter, wenn Sie die Regeln nicht genau kennen.
Ihre Schüler können das teilweise viel besser als Sie.

Es muss nicht immer alles perfekt sein.

Auch der Barren ist ein tolles Übungsgerät

Kapitel 20 Bildungspolitik

Projekt 1200 km reiten für eine bessere Bildung

Das Paradies im Klassenzimmer

Peter Dreier aus Hasel kämpft für ein besseres Bildungssystem und gibt Tipps für einen guten Unterricht

Sarah Trinler

Markgräfler Tagblatt vom 06.12.2014

Lehrer zu sein ist kein Zuckerschlecken, sondern zunehmend mit erheblichen Belastungen verbunden. Stress im Unterricht, zahlreiche Vertretungsstunden, ständige Veränderungen im Bildungssystem setzen den Lehrern zu. Peter Dreier aus Hasel möchte mit seinem Buch „Unterrichten kann so schön sein. Was man an der PH nicht lernt" Lügen aufzeigen.

Als pensionierter Lehrer beschäftigt man sich immer noch mit dem Thema Bildung und hat mehr Zeit zum Nachdenken, was in der Hektik des Alltags einfach nicht möglich ist", so Peter Dreier. Der 69-Jährige musste in den vergangenen Jahren öfters feststellen, dass bei immer mehr Lehrern - gerade wenn sie schon längere Zeit im Schuldienst sind - die Freude am Unterrichten nachlässt oder sogar fast abhanden kommt. In seinem Buch beschreibt er anhand von praktischen Beispielen, wie man als Lehrer unterrichten kann, dass es einem selbst und den Schülern Spaß macht.

Peter Dreier, der in den 80er Jahren auch einige Zeit in Peru in einer Schule unterrichtete, weiß, dass Stress und Arbeitsaufwand für einen Lehrer stark zugenommen haben. „Auf Unterstützung ,von oben' (Bildungspolitik) können wir nicht hoffen, der Lehrer müsse selbst für Entlastung und Erholung im Unterricht sorgen. Dies sei allerdings nur möglich, wenn die Schüler gerne in den Unterricht gehen. Mit der Hinführung zu selbstständigem und entdeckendem Lernen hätten die Kinder mehr Freude am Unterricht und die Lehrer weniger Stress und Arbeitsaufwand. „Ich entwickelte mich langsam vom Lehrer zum Lernbegleiter", so Dreier.

Das Buch entstand bei der Vorbereitung des Projekts „1000 Kilometer Reiten pro Schule" (wir berichteten). Nach dem Motto „Immer unterwegs sein. Der Weg ist das Ziel, denn das Ziel ist das Ende" machte sich Peter Dreier am 25. Juni diesen Jahres auf den Rücken seines Pferdes Sahib auf den Weg, um für ein besseres Bildungssystem zu kämpfen. Von Hasel ging es über Sigmaringen, Ulm und Nürnberg nach Raun (Sachsen). Auf seinem Weg machte der ehemalige Lehrer Halt bei Schulen, um mit Lehrern, Schülern und Eltern ins Gespräch zu kommen. Das Projekt wurde auch durch die Lehrergewerkschaft VBE unterstützt.

Nach 52 Tagen ist Peter Dreier wieder in Hasel angekommen. Während der 1150 Kilometer waren ihm viele Erkenntnisse gekommen, über 200 Diskussionen und Gespräche habe er geführt und zudem 100 Online-Befragungen ausgewertet. Erschreckende Wahrheit: Viele, meist ältere Lehrer sind unglücklich in ihrem Beruf und sehnen sich nach dem Eintritt ins Rentenalter. Größte Erkenntnis: Die Probleme an den Schulen sind meist hausgemacht. Entscheidender Faktor: Für erfolgreiches Lernen ist für den Schüler die Lehrerpersönlichkeit am Wichtigsten, Räumlichkeiten und Schulart sind nur Zugaben. „Bei meinem Lieblingslehrer habe ich am meisten gelernt", habe fast jeder Schüler gegenüber Dreier geäußert.

Peter Dreier wurde häufig gefragt, warum er seine Reise durch die Bildungslandschaft gerade auf dem Pferd zurückgelegt hat? „In der Ausbildung eines jungen Pferdes und eines Schülers gibt es keine Unterschiede. Beide brauchen viel Zuwendung, viel Selbstvertrauen durch Lerngewinne und klare Grenzen", erklärt Dreier, „Kinder und Pferde müssen lernen, vor Anforderungen nicht zu kneifen, zudem brauchen beide viel Freiraum zur Selbstentfaltung und Selbstbestimmung."

„Unterrichten muss Lehrern und Schülern wieder Freude machen", so das erklärte Ziel von Peter Dreier. Auf den 93 Seiten seines Buches beschreibt er etwa den richtigen Umgang mit Mobbing, wie wichtig loben ist, wie man Regeln durchgesetzt bekommt oder wie man den Geräuschpegel im Klassenzimmer senkt. Laut Dreier könne jeder Lehrer einen Weg finden, wieder gerne zu unterrichten, wenn er ein paar wesentliche Dinge befolgt. „Dann hat man fast das Paradies im Klassenzimmer", so der pensionierte Lehrer.

KURZINFO

Buch: Peter Dreier. „Unterrichten kann so schön sein. Was man auf der PH nicht lernt". BoD-Books on Demand-Verlag. Norderstedt, ISBN: 987-3-7357-2207-2. Weitere Informationen zum Projekt im Internet unter www.1000kmreitenproschule.de.

Kontakte: peterdreierhasel@hotmail.de   oder im Internet peterdreierhasel

Befragung von Grundschullehrern!

Probleme im Schulalltag?
Wo drückt der Schuh?

Begeisterte Schüler und motivierte Lehrer garantieren den Schulerfolg, minimieren die Schulversagerquote, die Krankenstände und die Burn outs unserer Lehrer.

Aber warum funktioniert das nicht an allen Schulen?

Befragung : (siehe auch www.1000kmreitenproschule.de)
Um nach den Gründen dafür zu suchen, habe ich innerhalb Baden-Württembergs im Gespräch, per Fragebögen und im Internet quer durch ca 1200 Schüler, Lehrer und Eltern über Probleme an ihren Schulen befragt.

Dabei ergab sich ein total anderes Bild über die Folgen der „Schulreform" sowie den heutigen Unterrichtsbedingungen, als es in den Medien dargestellt wird.

Es zeigte sich, dass unsere Lehrer noch mehr überlastet sind und immer weniger Zeit zum Unterrichten haben, weil sie immer mehr mit der Erziehung der Schüler beschäftigt sind. Sehr oft wurde auch eine falsch verstandene „grenzenlose" Inklusion praktiziert, ohne die notwendigen Lehrräume und erforderlichen Lehrkräfte dafür zu haben.

Dazu kommt noch, dass viele Reformen Schülern, Lehrern und Eltern übergestülpt werden von Politikern, die sich überhaupt nicht an der Realität im Klassenzimmer orientieren.

Alle Ergebnisse sowie die Auswertung der Fragebögen finden Sie in meinem dem Buch „ Baustelle Grundschule" sowie mit den Befragten erarbeitete Lösungsvorschläge der am meisten vorgekommenen Probleme.
Im BoD Verlag, bei Amazon und in allen Buchhandlungen erhältlich.

Kontakt: peterdreierhasel@hotmail.de   website: 1000kmreitenproschule.de

Die Wahrheit wird Euch frei machen

(Albert Ludwig Universität Freiburg - Johannes 8,2)

Warum sagen unsere Lehrer nicht endlich mal laut und deutlich,

was bei den heutigen Arbeitsbedingungen in einem Klassenzimmer **so** abläuft bzw. ablaufen kann?

dass sie immer mehr erziehen
müssen und immer weniger unterrichten können

wie Lehrer durch diese und weitere unzumutbare Belastungen wie z. b. falsch verstandene Inklusion oder permanente Krankheitsvertretungen auf die Dauer verschlissen werden

und wie oft deshalb der Unterricht zum Nachteil der Schüler immer ineffektiver wird.

Wann werden endlich einmal unsere Lehrer zum Vorteil Ihrer Schüler entlastet und werden nicht weiterhin mit immer mehr Aufgaben betraut,

für die sie nie ausgebildet wurden.

Die gesiebte Wahrheit

oder die von uns Lehrern praktizierte Negativminimalisierung

1. Die Wahrheit des Lehrers

Erzähle ich laut und deutlich, mit welchen Schwierigkeiten ich kämpfen muss, weil ich immer mehr unkonzentrierte, verhaltensgestörte, lernbehinderte und sonstige Problemkinder in meinen Klassen habe,
so dass ich immer mehr erziehen muss, immer weniger unterrichten kann, und dazu noch mit schwierigen Eltern kämpfen muss, die ihre Kinder immer weniger erziehen, heißt es ich übertreibe **und bin deshalb ein schlechter Lehrer.**

Weil ich kein schlechter Lehrer sein will, rede ich höchstens zu Hause oder mal mit Kollegen, die ich sehr gut kenne, über meine Probleme, aber der Schulleitung gegenüber verschweige ich ca 80 % und rede somit nur über ca. 20% mit meinen Schulleiter oder in der GLK.

2. Die Wahrheit des Schulleiters

Wenn ich alle Schwierigkeiten an meiner Schule an das Schulamt weitergebe, bin ich ein schlechter Schulleiter und habe meine Schule nicht im Griff.
Also gebe ich auch nur von den erhaltenen 20% ein Fünftel, also 4% , an das Schulamt weiter,

3. Die Wahrheit des Schulamtes

Wenn das Schulamt alle Schwierigkeiten im Landkreis an das Regierungspräsidium weitergibt, hat es einen schlechten Schulamtsleiter.
Also leitet man nur ca. 20% der verbleibenden 4 % (verbleiben 0,8 Prozent der ursprünglichen Schwierigkeiten) nach oben weiter.

4. Beim Regierungspräsidium leitet man wiederum nur 20% der 0,8 Prozent nach oben weiter, man will ja zeigen, wie gut man arbeitet und somit kommen im Kultusministerium nur noch 0,14 Prozent aller Probleme, mit denen Lehrer vor Ort zu kämpfen haben, an.
Leider kann ich nicht feststellen, durch wieviel Siebe diese Meldungen noch gehen, bis sie ganz oben auf der Entscheidungsebene im Kultusministerium angekommen sind, feinst gesiebt und wunderbar anzuhören.
Und deshalb kann man dort stolz auf eine gelungene Bildungspolitik sein.

Und man kann ihnen deshalb noch nicht mal einen richtigen Vorwurf machen, denn wir Lehrer sind dafür verantwortlich.